# VIDA
## ESPIRITUAL
## NA MATRIX

# LÍVIA DE BUENO

# VIDA ESPIRITUAL NA MATRIX

Como viver os prazeres da matéria
mantendo sua conexão com
a espiritualidade

Rocco

*Copyright* © 2022 *by* Lívia de Bueno

Direitos desta edição reservados à
EDITORA ROCCO LTDA.
Rua Evaristo da Veiga, 65 – 11º andar
Passeio Corporate – Torre 1
20031-040 – Rio de Janeiro – RJ
tel.: (21) 3525-2000 - Fax: (21) 3525-2001
rocco@rocco.com.br
www.rocco.com.br

*Printed in Brazil*/Impresso no Brasil

preparação de originais
BÁRBARA MORAIS

CIP-Brasil. Catalogação na publicação.
Sindicato Nacional dos Editores de Livros, RJ.

B942v

Bueno, Lívia de
    Vida espiritual na Matrix : como viver os prazeres da matéria mantendo sua conexão com a espiritualidade / Lívia de Bueno. – 1ª ed. – Rio de Janeiro : Rocco, 2022.

    ISBN 978-65-5532-278-1
    ISBN 978-65-5595-137-0 (e-book)

    1. Espiritualidade. 2. Técnicas de autoajuda. I. Título.

22-78342                                CDD: 204.4
                                           CDU: 2-584

Meri Gleice Rodrigues de Souza – Bibliotecária – CRB-7/6439

O texto deste livro obedece às normas do
Acordo Ortográfico da Língua Portuguesa.

# SUMÁRIO

## Introdução

| | |
|---|---|
| Vida espiritual na Matrix | 11 |
| Minhas vivências | 13 |
| Propósito | 18 |
| Origens | 21 |
| Perdas ou melhor, passagens | 24 |
| Cotidiano | 26 |

## Parte I

| | |
|---|---|
| A importância do autoconhecimento | 31 |
| Afinal, o que é matrix? | 33 |
| A cura da energia yin é a cura do planeta | 35 |

## Parte II

| | |
|---|---|
| Somos luz e sombra | 47 |
| Seja responsável por si mesmo | 50 |
| Cultive a Luz na sua vida | 54 |
| Aceite e aprenda com os momentos de sombra | 58 |
| O processo de transformação | 62 |
| Espelhos | 72 |

## Parte III

Vibre na frequência do Universo ............................................................ 81
Entendendo seu propósito ..................................................................... 87
Estações da alma ................................................................................... 91
O flow da vida ........................................................................................ 96
A fé que nos move ............................................................................... 100
Viver em liberdade ............................................................................... 105

## Parte IV

Mude e tudo se transformará ao seu redor ........................................ 117
Ações práticas ...................................................................................... 126
Tempo para não-ação ou a famosa (e temida) meditação ................ 133
Períodos especiais ............................................................................... 152

## Encerramento

Irradie luz ............................................................................................. 169

# INTRODUÇÃO

# VIDA ESPIRITUAL NA MATRIX

*"Quem conhece a sua ignorância revela a mais profunda sapiência. Quem ignora a sua ignorância vive na mais profunda ilusão."*

~ Lao Tsé

A vida espiritual não precisa ser separada da material. Ela é construída com base em dedicações diárias, a cada bom-dia, a cada olhar trocado e sentimento emanado. Não é necessário morar no mato ou adotar algum estilo de vida específico para ter consciência dos próprios atos. É possível se dedicar para ser uma pessoa melhor e manter uma rotina de meditação e conexão em qualquer lugar, a qualquer tempo. Dá para gostar dos prazeres mundanos e ainda assim ter uma vida espiritualizada.

Foi essa a minha maior lição ao longo de minha jornada e de minhas vivências.

Para começarmos, é preciso entender que espiritualidade não necessariamente tem a ver com religião. Quando falamos do assunto, muitas pessoas mais racionais se assustam e compreensivelmente associam com temas sobrenaturais. Mas espiritualidade é simplesmente a forma como você lida com os seus sentimentos, a sua consciência e as suas emoções. A espiritualidade, como a entendo, é um estado de presença, de responsabilidade pelas ações. É exercer uma consciência ativa, uma amorosidade. E, acima de tudo, é compreender que somos o Todo. Portanto, é possível, sim, gostar de moda, artes, festas, cultura e, ao mesmo, tempo ser espiritualizado. Mas, para isso, é necessária uma disciplina espiritual diária para não se perder e conseguir manter a conexão e o equilíbrio.

Acredito que a dedicação diária é essencial nesse caminho. Ter um comprometimento, mínimo que seja, introduzido como hábito é importante, arrisco dizer que o mais importante. Porque quando estamos alinhados, nos tornamos mais eficientes em tudo e mais amorosos e pacientes com todos. E, quanto mais nos conhecemos, mais sabemos o que verdadeiramente queremos viver. Fazer escolhas a partir da essência leva a uma vida mais plena, alegre e abundante.

A cada segundo estamos escrevendo nossa história. A cada intenção. Podemos, sim, escolher um lado. E eu me dedico a escolher a Luz, não me importa o que pensem; me esforço por ela, me rasgo, muitas vezes tropeço, mas é onde está o que procuro.

E é por isso que decidi partilhar o que aprendo e vem tornando minha vida melhor, o que ressoa no meu coração. Prezo muito a honestidade e a busco a todo instante. Tudo que escrevi a seguir foi construído com base em experiências que vivo, comprovo e me ajudam a evoluir. Me dedico a fazer na vida o que compartilho com você aqui. Confio que minhas palavras possam te ajudar e te façam transbordar amor. Este é o objetivo final, o sinal de que está funcionando e que faz tudo valer a pena.

## MINHAS VIVÊNCIAS

*"Só existe uma jornada: caminhar para dentro de si mesmo."*
~ Rainer Maria Rilke

A jornada com a espiritualidade é algo sem fim, eterno. Se faz essencial uma grande entrega às transformações. Trocar de roupa, de capa, de pele. A cada desafio, precisamos nos virar do avesso, enfrentar os bichos de frente, desatar nós na unha, mergulhar no lodo até, enfim, sentir uma conexão imensa e atingir um estado de plenitude, de gratidão no coração. Evolução atrás de evolução, na orquestração divina, cada desafio como um trampolim para o nosso crescimento. Mas o sentimento de plenitude é tão interessante que, uma vez alcançado, não há nada no mundo material que consiga se comparar. As palavras não dão conta, é preciso experienciar — é como mágica, é um mistério, invisível, infinito, recompensador.

Mas demorei um tempo para compreender e apreciar isso. Fui criada católica, estudei em escola católica e ia à missa todos os domingos até por volta dos catorze anos. Aos dezessete, passei a dizer que era ateia. Sentia orgulho, achava inteligente e erudito ser ateia, e, por anos, minha bíblia foi *Deus, um delírio*, de Richard Dawkins.

Nessa época, meus momentos de transcendência eram em festas, minha conexão acontecia na pista de dança com meus amigos DJs tocando em festas maravilhosas. Minha "religião" era o hedonismo. Os DJs eram meus deuses e a pista, meu altar. Sim, me diverti muito, mas aos vinte e cinco anos comecei a sentir um vazio muito grande. Uma angústia constante depois de acordar sempre muito tarde após alguma festa. Então comecei a questionar; o hedonismo não era mais suficiente. A fonte, quando não é espiritual, se esgota. E foi o que aconteceu.

O Universo, sempre providencial, colocou no meu caminho uma reunião de budismo e, com meu livre-arbítrio, decidi ir.

É nesse segundo que nossa vida pode mudar. Com uma decisão. Porque o Universo sempre oferece a escolha. Está nas nossas mãos decidir. Eu acatei. Neste primeiro encontro budista, minha alma se alimentou muito rápido, e eu só tive mais sede. Passei a frequentar os encontros e virei budista em 2009. Minha vida mudou. Compreendi que Eu e Você somos Deus e que para todo Efeito existe uma Causa.

Com essa mentalidade, ganhei vários benefícios. Trabalho, amor, dinheiro, tudo foi sendo conquistado fluidamente. Brilhei!

Mas, quando tudo está muito bem, corremos o risco de "cochilar". Aos poucos, fui deixando de meditar, de me conectar com os estudos búdicos, me rendi novamente ao hedonismo e comecei a entrar em desequilíbrio, ficando bastante reativa no meu relacionamento amoroso, que entrou em uma grande crise durante o ano de 2015. Foi então que decidi voltar a olhar para mim. Resolvi ter autorresponsabilidade e não apontar o dedo. Fui cuidar de mim.

Um portal se abriu tamanha era minha vontade e dedicação para voltar a ter conexão e equilíbrio. Um mundo de cura se apresentou, me levando bem além do budismo.

Fiz muitas terapias holísticas, uma peregrinação espiritual para a Índia, vários cursos e retiros, mergulhei na Astrologia e no Ayurveda, parei de comer carne novamente e, o mais importante, voltei a meditar todos os dias.

Despertei de novo!

Voltei a brilhar.

E uma vontade intensa de não dormir mais me acompanha, me mantendo em conexão com a minha essência, me fazendo buscar cada vez mais experiências que me ajudem a continuar evoluindo. E agora estando também a serviço.

Transbordar o que aprendo.

Me dedicar.

Ser canal.

Ser amor.

Ser Luz.

~

Enquanto escrevo este livro, estou vegetariana.

Esse caminho foi um processo na minha jornada que me trouxe grandes percepções sobre vibração e energia.

Aos dezoito anos parei de comer carne vermelha e frango por uma escolha filosófica e política, nada tinha a ver com energia.

Segui dessa forma por dez anos, comendo apenas peixe e frutos do mar.

Até que em uma viagem longa pela Europa, fora da minha rotina de vegetais verde-escuros e leguminosas, me senti fraca e fiquei com muita vontade de comer carne vermelha. Comi um pedacinho de presunto cru. Enlouqueci com o sabor e decidi que iria voltar a comer carne aos poucos. Voltei.

Comi tudo por dois anos. Fiz até mesmo a famosa "dieta paleolítica", que tem como base a carne animal.

Parei novamente de comer frango e carnes vermelhas no início de 2015. Pude então perceber a diferença brutal ao deixar a carne de lado mais uma vez.

Fico muito mais calma, minha intuição floresce brilhantemente e consigo perceber energias impossíveis de serem notadas quando como carne animal.

É como se eu vivesse em outra dimensão. Estudando e comprovando que isso é real, decidi também parar de comer peixe e frutos do mar. Parei em julho de 2017. Senti um grande aumento na conexão. Ok, não vou mentir que sinto vontade de comer um ceviche vez ou outra. E já aconteceu de eu salivar por uma linguiça em dias de ressaca. O que é curioso, porque com a energia equilibrada, sinto até mesmo aversão à carne. Mas quando estou com a vibração baixa, pode acontecer de sentir vontade, o que me trouxe a consciência da ressonância energética por vibração. Quando estou com a vibração mais densa, sinto vontade de comer carne; quando estou com a vibração elevada, sinto até mesmo ojeriza.

Hoje sei o quanto comer carne animal densifica, atrapalhando a conexão com as energias sutis.

A vida sem carne é outra. Tem outras cores, outro peso, outra mensagem.

O mundo está diferente e para perceber são necessárias algumas chaves. Para ver e escutar o Novo é preciso estar sutil.

Sei o quanto é desafiadora esta transformação, mas faz uma imensa diferença na conexão.

Leve o tempo que for necessário, experimente e, tomando consciência da sua energia, comprove você mesmo.

## VIPASSANA

Vipassana é a técnica que iluminou o Buda Sidarta Gautama aos trinta e cinco anos e que foi ensinada por ele até sua morte, aos oitenta anos. Trata-se de uma técnica que realiza uma cirurgia na mente conforme a pessoa observa e não reage às sensações.

O tempo todo vamos criando sofrimento por causa do apego ou da aversão que as sensações captadas pelos cinco sentidos causam. Criamos avidez ou aversão pelo tato, paladar, olfato, visão e audição. Manter a equanimidade diante do que sentimos pela experiência é o que se aprende no Vipassana.

Intelectualmente, apenas com a teoria não é possível fazer a cirurgia profunda. É preciso experimentar pelo corpo. Sentir e observar na pele que tudo é impermanente. Não reagir às sensações que horas de meditação causam, sejam agradáveis ou desagradáveis, faz com que a purificação de antigos padrões aconteça.

Sei que vou continuar criando avidez e aversão, mas o grau de intensidade muda e a consciência se expande, fazendo perceber o que não era possível antes; é aí que a evolução acontece.

E é aí que está o caminho que percorro. Uma vida na matrix com mais sabedoria. Aproveitando as coisas da matéria e as relações com mais sanidade, fazendo escolhas mais apropriadas e luminosas.

Não esqueça, só é possível evoluir de fato fazendo por si mesmo, praticando no dia a dia e trilhando o caminho com as próprias pernas.

Há muita beleza na jornada.

# PROPÓSITO

*"Que a beleza do que você ama seja o que você faz."*
~ Rumi

Aos dezoito anos, durante a faculdade de Jornalismo, a arte me raptou e, no fluxo, me tornei atriz. Foi o teatro que me fez gostar mesmo da profissão, depois o cinema; atuei em novelas, mas nunca gostei muito. Fui atriz por quinze anos e fiz trabalhos dos quais meu ego se orgulha — esse danado confunde a gente —, mas... eu não pulsava como hoje, era um prazer diferente. De qualquer forma, eu seguia. Aconteciam uns trabalhos bacanas e eu continuava.

Em paralelo, eu seguia minha jornada espiritual e, em 2016, aos trinta e três anos, senti que estava pronta para o meu primeiro Vipassana, um retiro bastante conhecido no meio espiritual pela intensidade. Nesta época, eu tinha recém-conhecido o grande amor da minha vida, era Olimpíadas em um Rio de Janeiro em festa, mas mesmo assim me entreguei com muita convicção e fui passar meu aniversário com pessoas desconhecidas em dez dias de silêncio, vivenciando mais de dez horas de meditação diária, sem ligação nenhuma com o mundo exterior. Um profundo mergulho.

Durante uma das meditações, totalmente desprevenida, tive uma experiência transcendental onde uma visão poderosa e muito clara me fez entender o que eu realmente gostava de fazer. O meu verdadeiro prazer. A base do meu propósito. Senti e entendi o que vim fazer aqui nesse planeta.

Não fiz o retiro com esta intenção. Nunca havia pensado em mudar de profissão. Eu não estava insatisfeita como atriz. Também não estava satisfeita. Era uma realização morna, atraída mais pelo ego.

Voltei então do meu primeiro Vipassana ciente de que minha missão não era atuar.

Ser atriz é lindo, se for seu propósito, é divino. Mas a visão que eu tive e o que senti foi tão forte que não pude negar essa informação preciosa sobre a minha jornada.

Entendi como um chamado.

Sim, posso até ter vocação para atuar, mas não é onde meu propósito se apresenta com total prazer. E prazer é essencial quando falamos de propósito.

Mas e então? O que fazer com tudo isso?

Dias depois do final do retiro, eu estava em um set de filmagem e só pude ter ainda mais certeza de que atuar não era mais o que me fazia pulsar. Decidi, então, me render, confiando na orquestração do Universo. Mas também, e principalmente, mantive minha disciplina com a meditação, segui atenta aos sinais e suavemente fui fazendo a transição com várias sincronicidades e ajudas do Universo.

Quando é propósito é assim: o caminho vai se abrindo e o Universo ajuda mesmo!

Ainda assim, precisei também de bastante coragem para ancorar as guianças que recebia em meditação. Muitas pessoas próximas não entendiam no início, o que foi compreensível, já que era uma grande mudança. Mas a visão que tive no Vipassana me fez confiar e caminhar com uma fé imensa.

É sempre desafiador realizar mudanças. Quando focamos no medo, podemos ficar paralisados. Sim, mil coisas podem acontecer a todo momento, e se você acredita mentalmente que elas serão prejudiciais, já vai dançar com a própria sombra. São nossos pensamentos e crenças que constroem o que vivemos no agora.

Então, cuidar dos pensamentos e da fala é como se constrói a vida e o futuro. Pense coisas interessantes para você, se conecte com imagens e notícias luminosas, bloqueie mecanicamente quando algo ruim vier à mente ou à boca. Seja senhor de si, capitão do próprio barco, e proteja sua vida e sua energia.

É uma consciência que adquiri com a minha dedicação espiritual e, naquele momento da minha vida, eu estava aberta e disposta a escutar e entender meu propósito.

Depois de um tempo, as portas começaram a se abrir. Curiosamente, o melhor canal que apareceu para compartilhar o que aprendia espiritualmente foram marcas, eventos e publicações de moda. A área sempre foi uma grande paixão e era o círculo que sempre frequentei.

Escrevo isso para ratificar e demonstrar que a missão tem a ver com prazer, com o que é natural para você, e que os sinais sempre aparecem. Precisamos estar atentos e abrir espaço para escutar. E é exatamente por isso que levanto tanto a bandeira da não-ação diária — é ela que me guia para fazer escolhas alinhadas com minha verdade interior, me ajudando a percorrer os caminhos mais interessantes da minha jornada.

Hoje, trabalho com o que faz minha alma feliz e falo sobre algo que experimento de fato. Levo uma vida de conexão e comprometimento com as energias sutis, mas, ao mesmo tempo, sou apaixonada pelo urbano e tudo que vem junto.

Vivo isso, e é possível.

Mas a disciplina espiritual diária é fundamental. Silenciar para se escutar é essencial, porque nenhum livro nem alguém que te ame muito pode saber como percorrer o seu caminho. Existem coisas que só você é capaz de saber.

Então mergulhe dentro de si diariamente. Todos são capazes de receber guianças, por isso abra espaço para ouvir sua verdade.

Você já sabe qual é, só precisa lembrar.

# ORIGENS

*"Ajusto-me a mim, não ao mundo."*

~ Anaïs Nin

Valorizar de onde viemos é valorizar as raízes, a nossa história. Nasci em Niterói e, hoje, amo a cidade como já havia amado um dia. Mas já impliquei bastante, como muitos que saem de sua cidade interiorana para ganhar a cidade grande. Saí fugidia para morar no Rio de Janeiro, sem sequer me despedir direito.

E precisei voltar.

Hoje essa cidade me emociona, me deixa de peito cheio. Atualmente, acho a orla com a famosa vista para o Rio um dos lugares mais lindos do mundo. Foram muitos arrebatamentos de alegria caminhando por ali após o retorno desta filha pródiga, muitos insights que me fizeram entender que eu estava onde deveria estar.

Hoje, mais do que nunca, amo o Rio de Janeiro, mas sou de Niterói.

~

Não venho de família de grandes posses, tampouco sou uma pessoa de grandes posses. Mas sou extremamente abundante, sempre fui.

Tudo o que eu preciso chega até mim, se materializando de forma bela, original ou refinada. Na grande maioria das vezes, esses benefícios chegam através de pessoas, principalmente de amigos que abrem as portas de suas casas, seus armários, suas criações, seus corações.

Essa é minha maior riqueza: amigos. Sou riquíssima deles, de seus sorrisos escancarados, afetos e tetos. Uma gratidão me toma todo o corpo ao escrever essas linhas porque sei que estou onde estou por ter amigos maravilhosos ao meu redor.

Colhemos os amigos cujas energias semeamos. Atraímos o que vibramos.

E assim criamos nossos encontros, que é o que de fato se leva dessa vida: as memórias e experiências. Para isso, é preciso viver o momento. Intensamente. É preciso cativar, ser leal, honesto, prestativo

E então a mágica acontece.

Com o Universo sendo generoso de amigos. O maior bem da Terra, que transcende as dimensões.

E vira poeira de estrela, brilhando junto no céu em uma enorme festa eterna.

~

Quando meu irmão nasceu, senti que perdi o trono. Sou a primogênita e ele chegou seis anos depois. Com sua chegada, comecei a aprender a dividir o amor e a atenção dos meus pais. Como ele era muito frágil, precisou mesmo da dedicação deles. Hoje eu compreendo totalmente, mas eu me sentia abandonada.

Esse é um dos primeiros traumas da minha "criança ferida".

O ser humano é apegado, nascemos para reaprender a amar e lembrar que não existe separação entre nós. Meu irmão, Victinho, veio me ensinar a compartilhar e a sentir um amor imenso. Sinto de verdade que somos uma parceria que vem de outras vidas.

Com o tempo, aprendi a protegê-lo e educá-lo com doçura — porque sou irmã, não sou mãe nem pai. Irmão é irmão.

É essa união linda de busca de equilíbrio entre almas, de fluxo livre de afeto, de amor incondicional de fato. Um porto seguro para fazermos nossas curas evolutivas.

Irmão é presente em vida.

# PERDAS OU MELHOR, PASSAGENS

*"É por isso que a morte é tão magnífica. Porque não existe.
Porque só morre aquele que não viveu."*
~ Frida Kahlo

Meu pai faleceu quando eu tinha dezoito anos. Eu era ateia e curiosamente não foi nesse momento que despertei espiritualmente — foi só aos vinte e quatro anos que comecei a me conectar com minha espiritualidade e, desde então, minha visão sobre a morte é outra.

Hoje posso afirmar que não tenho medo da morte porque sei que não é um fim, e sim uma transição que acontece no momento certo, por mais que não se compreenda de imediato. Essa consciência me permite experienciar a vida de outra forma.

Por isso a frase de Frida Kahlo me tocou tanto quando estive no Dia de Los Muertos no México, país que enxerga a morte como um culto à vida.

~

Minha avó fez a passagem em uma quinta-feira do ano de 2021, um pouco mais de uma hora após um eclipse. A Lua no céu estava no grau exato de um ponto karmático do meu mapa astral natal quando ela cruzou o véu dos mundos. Foi uma sincronicidade imensa, que me deixou emocionada, com a confirmação desta sabedoria poderosa que é a Astrologia.

Senti muito e tanto com essa epifania.

Confio no tempo de escolha de cada alma para chegar e sair deste plano, mas muitas vezes esses momentos são cruéis para quem fica, então agradeço a paz no coração. Sinto que minha avó cumpriu sua vida terrena, com noventa e um anos de muita generosidade e dedicação à família. Ela era de fato nossa matriarca.

Minha avó me proporcionou grandes curas, e a partida dela só confirmou que tenho missão de alma com o feminino e com a cura desta energia. Cada vez que curo meu Yin, mais florescimento vejo em minha vida e assim sinto ser para todos. O feminino está em falta no mundo, e nossas mães e avós podem ser portais de evolução e cura para essa força.

Agradeço à minha avó por ter sido portal.

E intenciono que ela tenha seguido caminho em um arco-íris de luzes coloridas e brilhantes!

Nos reencontraremos em algum momento.

## COTIDIANO

*"Deixe um traço de alegria onde passes e a tua
alegria será sempre acrescentada mais à frente."*
~ Chico Xavier

Entro na concha de segunda a quinta-feira, salvo raríssimas exceções. A partir de quinta, me permito dar umas boas voltas. Esse é meu jeitão de virginiana com ascendente em Peixes, disciplinada com loucura.

~

Sou fogo, do mar, sou também ventania. Feiticeira, caminho com as Luas, me espelho nas estrelas.
    Me rega e eu floresço, me entrego, festejo. Quem vai, não sabe aonde vai dar, entrega ao que brilha o meu olhar.
    Uma índia pega no laço corre no sangue do cavalo selvagem. Não me atrevo a domar o que para sempre livre vai estar.

~

Não pense que é tudo equilibrado por aqui. Isso é longe da verdade.
    Mas o que eu acredito que faz o Ser de hoje diferente do antigo é a vontade imensa de evoluir, de entender os porquês e as razões, de buscar o motivo da colheita desagradável. Se questionar "Qual minha responsabilidade?" e, então, se mover para avançar.

~

O que precisamos aprender é como viver a dor. A gente sabe se sabotar. O que precisamos é saber passar pela dor com dignidade. Isso a sociedade não ensina, só ensina as mazelas.

A gente precisa saber ver a Luz, treinar a mente, o olhar. Perceber os gatilhos e se esforçar para vigiar o ego. Porque senão ele engole. Engole mesmo. E então a gente fica criticando e julgando tudo por aí.

É preciso esforço para deixar as pessoas livres do nosso juiz interno. Esforço para não reprimir o outro.

Mas é tudo tentativa e erro. Acerto, tropeço e coragem.

Coragem sempre para ser quem se é.

Não existe vida perfeita, existe, sim, a dedicação em aprender a surfar os acontecimentos inesperados. O caminho do autoconhecimento proporciona ferramentas para sair do buraco. É a constância em se cuidar que faz você perceber rapidamente quando algo sai do eixo.

O seu barco vai ficando robusto. Já o coração, amolece e expande.

E quando o chão se abre e a terra treme, podemos até perder as estribeiras, mas a vontade de crescer e melhorar é maior que tudo.

E é isso que nos leva além.

~

Não são apenas os retiros feitos, as meditações, as viagens e peregrinações espirituais; sinto que a característica mais clara de alguém evoluído é a amorosidade.

É impressionante como o Universo orquestra memórias mágicas quando tudo está como deve ser. O paraíso a gente vive aqui e agora, nos pequenos grandes momentos, com todas as imperfeições que podem existir. Quando o amor te toca, você sente algo gigante.

Dá para saber.

Eu acredito nesse mundo do afeto.

Cuidando e cativando quem amamos, ficamos imensos.

~

Por mais que a sociedade insista em estimular a ação constante, pausas são essenciais para evitar entrar no automático com atitudes desconectadas da essência. Saber pausar é se dar a oportunidade de conectar com o fazer autêntico.

Não acredite nesse tempo acelerado dos homens em que é preciso estar ativo e atuante todas as horas, todos os dias.

Existe um lugar em nossa mente em que estamos sempre em paz. Existe um lugar em nós que é fonte de conexão com a Criação. E para acessá-lo, é importante saber pausar e relaxar.

A alma pede por recolhimento de tempos em tempos. Respeite seu corpo quando ele estiver pedindo uma pausa.

Se dê esse respiro. Desacelere.

Existem coisas que só acontecem na pausa.

Honre a si mesmo quando precisar de um intervalo.

Pausas te equilibram.

# PARTE I

# A IMPORTÂNCIA DO AUTOCONHECIMENTO

*"Ninguém chegou a ser sábio por acaso."*

~ Sêneca

As palavras ganham fama e muitas vezes perdem o sentido. Com o autoconhecimento se tornando popular, muitas pessoas não sabem exatamente do que se trata.

Ao mergulhar na sabedoria do autoconhecimento, percebemos que nada é aleatório. Se algo acontece no presente, é efeito de ações do passado. Com esse discernimento, começamos a compreender que temos padrões comportamentais que são reflexo de toda uma existência pessoal, familiar e espiritual; e esses padrões não são quebrados até tomarmos consciência e agirmos de forma diferente. Mas agir de forma diferente demanda esforço e dedicação. É preciso mergulhar na engrenagem das causas e efeitos e tomar as rédeas do próprio Ser.

E mergulhar no autoconhecimento é mergulhar no grande mistério.

~

"Conhece-te a ti mesmo e conhecerás o Universo e os deuses." É bem significante essa ser a inscrição na entrada do Templo de Apolo, onde ficava o Oráculo de Delfos na Grécia Antiga.

Se autoconhecer é o propósito maior da nossa existência. É a chave mestra para evolução.

Se você quer saber aonde chegar, é preciso se conhecer. É preciso se olhar profundamente com autorresponsabilidade e entender que é agente do que está vivendo no agora. E para isso é preciso ter lucidez sobre si mesmo. Sobre atitudes que te levam aonde você quer estar.

Se autoconhecer exige coragem para olhar onde machuca.

Não é fácil se enxergar feio. Reconhecer os próprios defeitos. Enxergar as chamadas sombras — porque são coisas que colocamos à sombra da consciência, evitamos olhar. A gente foge o tempo todo disso. Mas esse é o passo mais importante para se autoconhecer e evoluir. É preciso ver o desequilíbrio. "A ferida é por onde a luz entra", escreveu Rumi, o famoso poeta sufi. Porque é isso, conhecer a sua sombra, é o que vai te levar à sua Luz. Saber como o seu inconsciente age debaixo dos panos e desarmar essa bomba. Você deixa de excluir uma parte sua, tira desse lugar de sombra e passa a conhecê-la. Sabendo como esse lado age, você consegue administrar melhor. Só conhecendo a sua sombra você pode optar por fazer diferente, jogando Luz.

Para se tornar mais doce é preciso ver onde está a amargura. Para a vida ser mais leve, é preciso reconhecer o rabugento e reclamão que habita em você. Para ser abundante, é preciso ver onde falta generosidade. E por aí vai... É preciso ver a própria maldade. Parar de apontar o dedo. Olhar o espelho. Ver o buraco mesmo que se caia inúmeras vezes. Ao se autoconhecer, vai chegar uma hora que vai ser possível desviar, mas é preciso que a consciência esteja acesa. Conhecer os caminhos do seu Ser é essencial para ter uma vida plena. Fica possível enxergar cada vez mais o porquê de cada hoje. E ter a oportunidade de fazer diferente. Com autorresponsabilidade e dignidade.

Se autoconhecer é se descobrir e deixar para trás uma ideia limitada sobre si mesmo. É também conhecer o próprio poder pessoal. Se empoderar. Reconhecer e identificar os dons e talentos, e assim ter a oportunidade de exercer o seu propósito.

O autoconhecimento é para ter coragem de ser quem somos de verdade e, então, ter a opção de escolher a própria Luz e assim iluminar.

# AFINAL, O QUE É MATRIX?

*"Nosso poder científico tem superado nosso poder espiritual. Nós criamos mísseis e homens equivocados."*
~ Martin Luther King Jr.

No meu saber, matrix é todo o sistema de crenças que cria uma realidade ilusória, nos aprisionando, nos impedindo de conhecer a nossa verdade, a nossa potência e nos atrapalhando em ser feliz de fato. É todo esse espetáculo tangível que alimenta o nosso ego e torna os humanos desconectados das energias invisíveis e do propósito pessoal.

A indústria farmacêutica e alimentícia são os grandes tentáculos da matrix. Com seus alimentos fáceis e processados que nos adoecem e promessas de cura com pílulas acessíveis a cada esquina, podem nos tornar dependentes e ainda mais doentes. Algumas mídias de massa também fazem parte desse poderoso tentáculo da matrix, ditando os temas do momento e nos controlando pelo medo.

Sim, os prazeres mundanos igualmente fazem parte da matrix, nos anestesiando. Podemos gostar e viver esses prazeres, mas o comprometimento com a essência precisa ser maior, porque do contrário somos engolidos sem nos dar conta.

Aí é que está a chave: para ter uma vida espiritual na matrix é essencial ter uma disciplina diária e assim manter o equilíbrio e as rédeas da sua vida.

Não adianta brigar com a matrix, decidindo viver fora dela. Mas você pode se manter desperto dentro dela.

Não há nada mais revolucionário do que criar uma intimidade com a sua intuição. Porque não interessa ao sistema que você desenvolva essa consciência e saiba caminhar com as próprias pernas. A intuição é a bússola para a sua verdadeira liberdade.

Pessoas que dormem podem ser controladas.

Pessoas que dormem não progridem ou têm uma falsa sensação de progresso, vivendo dependentes das coisas materiais e assim gerando cada vez mais poder e dinheiro para o sistema.

Mas pouco a pouco esse cenário está mudando. Muitas pessoas estão despertando, aprendendo a criar intimidade com a sua essência e percebendo as recompensas.

Para um novo mundo de fato acontecer é preciso que despertemos para o nosso poder pessoal.

Essa é a grande jornada da vida.

E esse caminho é construído no pequeno.

No micro.

No dia a dia.

Então vamos ver o resultado no macro.

Com uma Nova Terra livre dos tentáculos da matrix.

Falta chão.

Mas confio que chegaremos lá ainda nesse século.

Avante.

## A CURA DA ENERGIA YIN É A CURA DO PLANETA

*"Dizem que tudo o que buscamos também nos busca e, se ficamos quietos, o que buscamos nos encontrará. É algo que leva muito tempo esperando por nós. Enquanto não chega, nada faças. Descansa. Já tu verás o que acontece enquanto isto."*
~ Clarissa Pinkola Estés

Em 2016, fui para a Índia em peregrinação espiritual. Eu sabia qual era a minha intenção principal nessa viagem: a cura do feminino, Shakti, minha energia Yin.

Aos pés do Himalaia, perto das nascentes do Ganges, a Grande Mãe que representa essa vibração, me banhei diversas vezes, intencionando evolução, e vivi alguns processos muito especiais.

Essa é uma das leis herméticas ensinada em *O caibalion* de Hermes Trismegisto.

Tudo o que está dentro está fora.

Hoje vivemos em um período em que vemos catástrofes ambientais e a degradação da natureza cada vez mais intensa e com mais consequências. Em parte, o que estamos vendo acontecer é resultado de uma desconexão com a nossa essência, nossa subjetividade, nossa energia feminina, a energia Yin.

Todos nós, não importa a identidade de gênero, temos energia Yin (feminina) e Yang (masculina). A energia Yin é a da paciência, acolhimento, aceitação e conexão com a intuição. Já a energia Yang é a da ação, do fazer, do realizar.

Essas energias, quando distorcidas, causam muitos problemas interna e externamente. A Yang distorcida é contaminada pelo medo e ódio, gera guerra, destruição, agressividade, machismo (mais uma vez, não importa gênero. Uma mulher pode ser hipermachista!). Já o desequilíbrio da energia Yin traz sentimentos de rejeição, subordinação, estagnação e vitimismo.

Na natureza, a água é uma manifestação da energia Yin no planeta Terra, enquanto o fogo é a representação do masculino, o Yang. Por muitos séculos, a humanidade vem reverenciando o fogo e negligenciando a água. Não é à toa que as águas do planeta estão poluídas, assim como as nossas águas internas. A crise e o desequilíbrio que vivemos está em nós.

A humanidade está em desconexão com o feminino, com a energia de acolhimento, aceitação do outro, paciência e subjetividade. Falta energia de paciência, aceitação, acolhimento e perdão; valor à subjetividade, à intuição, ao sentir.

Todas essas qualidades femininas foram suprimidas pela energia Yang que, de tão hipervalorizada por mais de seis mil anos, está distorcida. Trouxe o fazer e o realizar a qualquer preço, nos deixando controladores, agressivos, reativos.

A energia Yang, a força de ação, é importante e necessária. É preciso agir. Mas o Yang sem o Yin vira ambição cega. Faz guerra, derrama sangue, fere e machuca. A energia Yang fez construir as cidades e arranha-céus, mas sem o Yin esqueceu de cultivar a natureza.

Nossa Mãe Natureza.

E agora estamos vivendo as consequências. Falta feminino em nós, falta essência na ação.

Falta verdade.

Falta porque paramos de escutar a voz da intuição.

Nos dias de hoje, a mente é sempre mais valorizada que a sensação. Porém não podemos esquecer que o sentir é soberano.

Nós precisamos, sim, ter ações na matéria que sejam sustentáveis, consumir de forma consciente, mas é essencial aprender a nos conectarmos com essa energia interna, com a nossa intuição. É necessário se conhecer, curar as feridas e entender que, sem essa conexão, mudanças não vão se sustentar.

Para ser orgânico e natural é necessário que seja verdadeiro, que venha do coração e da consciência. Como cuidar do planeta se você não consegue cuidar de si mesmo? Como se conectar com a natureza e com todas as energias presentes nela se as nossas estão desequilibradas?

Tudo começa a partir de nós. Precisamos nos amar e nos cuidar plenamente, assim saberemos como cuidar das pessoas e do meio ambiente.

Que a energia da Grande Mãe nos ajude a compreender o caminho que nutre, cuida, cultiva, perdoa e abençoa. Assim como nossas águas.

Cuidemos de nossas emoções.

Para sabermos bem cuidar uns dos outros.

~

O interessante nesta vida é buscar o equilíbrio das energias Yin e Yang. Pela ação com amorosidade, pela realização com paciência, construindo sem destruir. Aceitando o outro independente de compartilharem ou não da mesma opinião e acolhendo verdadeiramente.

Qual energia você sente que está predominante? E qual está em falta em você?

Um grande exercício é se perceber nas relações afetivas, onde acontece a maior escola da vida.

Temos a imensa oportunidade, neste momento de transição em que nossas sombras estão escancaradas, de fazer florescer a energia do amor incondicional. Falta muito para nos vermos como irmãos, para atingirmos o amor crístico real que acolhe o assassino, o ladrão, o cancelado e o cancelador.

O longo e desafiador caminho da verdadeira empatia é entender que, quanto maior a maldade, maior é a dor. Ao fazer o mal, a ferida está sangrando internamente. Não conhecemos as batalhas dos outros, não andamos com seus sapatos. O rancor faz machucar. A falta de amor e afeto na infância, a necessidade de pertencimento, o abandono, a falta.

Então, como acolher, mas ao mesmo tempo trazer a consciência? Como dar uma segunda chance sem cometer injustiças?

Precisamos avançar do tempo em que apedrejávamos em praça pública. Hoje as pedras são palavras expressas por trás de uma tela. Precisamos entender que, mesmo achando que estamos com a razão, não temos o direito de humilhar ninguém.

Seja a vítima ou o algoz.

Afinal, "quem não tem pecado que atire a primeira pedra", não é mesmo?

## TUDO COMEÇA NA ORIGEM, NA SEMENTE

Quem gesta a semente dos humanos que chegam à Terra são as pessoas com útero, guardiãs da energia receptora, a energia Yin. A nossa sociedade não tem como mudar se não olharmos para a origem, para como essa sociedade sustenta uma pessoa que está gestando, parindo e cuidando de uma vida humana.

Percebo, nos estudos de autoconhecimento e espiritualidade, que ficamos a vida inteira nos curando da falta de presença maternal de qualidade na infância. O bebê que recebe atenção plena da mãe tem mais chance de ser autoconfiante. A presença de qualidade da mãe é essencial para o filho, é essencial para uma humanidade de qualidade.

Mas como isso é possível se a grande maioria das mulheres precisa trabalhar? Se muitas vezes não há redes de apoio que as auxiliem nesses momentos?

O sistema é que precisa mudar. Enxergar a mulher nessa fase gestacional e materna como geradora de humanos equilibrados ou desequilibrados. Uma sociedade que tem consciência desse peso em nosso futuro cuida da origem, cuida da mulher que está gerando e criando uma vida. É preciso olhar para a semente, senão vamos seguir salvando adultos com feridas internas de incêndios emocionais. Se quisermos um futuro com humanos equilibrados é preciso cuidar das pessoas gestantes e seus bebês.

~

Acredito que, enquanto não se tem filhos, o foco da evolução da encarnação é, em primeiro lugar, a relação com a mãe, só depois com o pai.

Mas a mãe vem primeiro.

Para poder resolver os problemas da sua vida de forma efetiva e pela raiz, analise sua relação com a sua mãe — ou, no caso da ausência, a energia da mãe. Olhe para essa relação com sinceridade e profundidade. Muita gente acha que possui uma boa relação nesse aspecto, mas, ao olhar com sinceridade, pode perceber a superficialidade e o quanto há para limpar.

Em geral encarnamos nessa relação para desfazer acordos de vidas passadas, perdoar, ajudar. E enquanto não percebemos a importância disso, todas as áreas de nossa vida podem ser influenciadas de forma negativa. Relacionamentos, trabalho, amizade... tudo fica servindo de espelho inconscientemente.

A cura vem com a purificação da relação com a mãe. Quando ela flui de forma límpida, sem cobranças, culpa, rancor, apenas com gratidão, você está curado.

O mesmo acontece com o pai.

Mas, neste momento da humanidade, precisamos olhar para o nosso Sagrado Feminino, para a energia Yin, não importa o gênero. Precisamos nos ligar à nossa capacidade de amar incondicionalmente, de acolher o diferente, de aceitar o novo, de sermos pacientes, generosos, doces e também de nos conectarmos com a intuição e com o coração. A mente não pode mais ser a capitã das nossas vidas, estamos em um tempo de nova consciência e, pelo que venho aprendendo, muito se evolui nesse campo pela relação com a mãe.

Por essa conexão é possível descobrir muito sobre nós mesmos. É na mãe que tudo começa, somos gestados no ventre dessa mulher e nossas primeiras sensações foram através dela.

Sim, uma mulher. Como outra qualquer. Um ser humano.

Consegue ver sua mãe assim? Uma mulher, uma pessoa passível de erros como todos. Que deseja, em sua essência, fazer o melhor por nós, e que, se não fez, foi porque não sabia como ou não tinha sobrando para transbordar.

Perdoe, libere, acolha, aceite, reverencie essa mulher. E assim abra caminho para as maiores curas da sua existência.

~

É importante reverenciar toda a História que nos abriu caminho.

Se hoje temos voz, é porque muitas lutaram por nós. Mas o que vai nos fazer colher mais vitórias e conquistas permanentes agora é a atuação compassiva e amorosa.

Estamos em outro momento, em outro tempo. O rancor e a agressividade são armas dos homens em distorção, causam feridas, humilham, afastam a compreensão de nossos mistérios.

Não seremos submissas, mas também não seremos furiosas. Não nos vitimizaremos, nem mesmo seremos impiedosas.

O que precisamos sustentar é o que está em falta e desequilíbrio na humanidade: acolhimento, empatia, compreensão das diferenças, perdão, escuta e também o que ainda nos parece inalcançável, o amor incondicional. É a manifestação da força feminina presente em todos nós.

Ao aceitarmos nossos sentimentos e vulnerabilidades, descobriremos quem somos para atuar em verdade. Quando entendemos o poder gigantesco que existe nessa força, ninguém nos para.

Mas não porque sabemos gritar, arregalar os olhos, falar com violência e autoritarismo. Não, isso causa antipatias, isso faz de nós como os que nos perseguiram.

O caminho agora é outro. Precisamos saber nos amar em completude para, então, saber acolher os que não enxergam. Curar as feridas internas para estancar a roda de vingança e dor. Respeitar os nossos ciclos íntimos para, então, entender o nosso verdadeiro poder selvagem.

E assim ter paciência para mostrar, para apontar o caminho.

O fazer sem alma colocou a humanidade nesse lugar de desconexão profunda. E mulheres são guardiãs de todo o mistério do Universo. Do inominável que brota e explode no peito, do infinito e da fé.

Agora precisamos reverenciar esse mistério, a nossa intuição, nossos saberes ancestrais.

Cultivar a terra e as águas, aceitar a magia que está em nós e em tudo.

Abrir espaço nos corações, perdoar os outros e a si mesmo, andar mais leve.

Fluir.

Nos unir.

Temos a força suave e profunda do Universo em nós.

Que saibamos fazer uso dessa sabedoria imensa para escolhermos nossos instrumentos de atuação na caminhada em direção à Nova Terra.

~

Por mais que o Yin e o Yang sejam energias que independem de gêneros, as mulheres são guardiãs da energia Yin. O ritmo cíclico da Lua, da natureza, do cosmos, está dentro de nós.

Nos fizeram esquecer, nos calaram, nos reprimiram, nos queimaram. Mas a lembrança está voltando, forte e poderosa.

Mas não podemos usar a arma do inimigo. Não é pelo Yang distorcido que ganharemos espaço. Nem nós nem mais ninguém.

Raiva, rancor e agressividade não vão mais fazer vitória nessa nova Terra. É preciso acolhimento, empatia e compaixão, é preciso escutar e perdoar.

Que cada um de nós vibre a energia Feminina; a doçura, a receptividade, o amor incondicional, exaltando a intuição. Que saibamos ouvir dentro para agir fora com harmonia. Que haja compreensão do caminho que nutre, cuida, cultiva, perdoa e abençoa. Que cada uma e cada um de nós encontre o equilíbrio interno da energia Feminina e Masculina. Yin & Yang em igualdade.

E então vamos poder viver um futuro feminino em essência. Porque será genuíno. Transbordará da verdade interior.

Com a natureza em seu lugar de protagonismo e a humanidade vivendo em potente união.

Seremos protagonistas desse resgate.

O resgate do feminino.

~

DICAS DE CURA DA ENERGIA YIN PARA TODOS OS GÊNEROS:

- Conecte-se com os ciclos lunares;
- Medite diariamente (tempo para a não-ação);
- Cuide de plantas;
- Conecte-se com a natureza;
- Honre sua mãe, aceite como ela é, cure as sombras em sua relação com ela (na impossibilidade da presença física, cure com a energia da mãe, aceitando e acolhendo também a ausência);

- Se tiver útero, conecte-se com seus ciclos internos e com sua menstruação;
- Dance intuitivamente;
- Cozinhe conectando-se com os alimentos;
- Conecte-se com fontes de água (banho, mergulho no mar ou rio com presença);
- Faça um altar pessoal;
- Conecte-se com suas sensações, com o sentir;
- Pratique o perdão, a compaixão, a empatia, o acolhimento e a aceitação do outro, mesmo que seja diferente de você.

# PARTE II

# PARTE II

# SOMOS LUZ E SOMBRA

*"Sentimentos de aversão ou apego acerca de algo
é a sua dica de que há trabalho a ser feito."*

~ Ram Dass

## TODOS TEMOS SOMBRAS

Sombra, conceito tão famoso no meio da espiritualidade e do autoconhecimento, surgiu na psicologia principalmente por Nietzsche e Jung, que compreenderam que existem sentimentos que estão à sombra da nossa consciência.

Sentimentos e comportamentos que negamos.

Evitamos enxergar porque estão conectados com marcas que remetem a situações que preferimos esquecer. Mas o que acontece é que, se as ignorarmos, essas dores não somem, não morrem, elas vão se acumulando e se viram contra nós de alguma forma — doenças, situações desagradáveis, desafetos.

A sabedoria está em não ignorar a sombra ou querer matar esse lado feio.

Precisamos encarar e olhar de frente a nossa inveja do sucesso da amiga, a procrastinação, a cobiça do que o outro conquistou, a falta de coragem, a insegurança e o ciúme, o descontrole, a arrogância, a vitimização, a mentira, a culpa.

São muitas as feras internas.

Nós não somos santos e santas. Se estamos na Terra, temos correções a fazer. Precisamos saber amansar nossas bestas famintas.

Precisamos saber transmutar — o que significa transformar sombra em Luz. Ou seja, você enxerga a sombra, identifica, reconhece e, assim, joga Luz e toma consciência.

Precisamos saber acolher e ninar esse lado sombrio como um bebê que chora. Investigar de onde vem o comportamento sabotador. Perguntar para essa dor: para que você está chorando ou reclamando agora? O que quer de mim e do outro? Fazer um exercício de investigação da origem do desafeto.

Precisamos aprender a amansar nossas feras internas e conviver com elas. Dar atenção, sim, para esse lado que tem fome e reclama. Mas também, óbvio, dar mais alimento para nossa Luz, nosso lado luminoso.

Assim conseguimos fazer essa força ganhar.

Um equilíbrio diário que precisa da nossa atenção para não sermos engolidos por bestas cegas.

Está em nossas mãos amansar a dor.

Não ignore, converse com suas sombras.

O que cresce em nós é o que alimentamos. Perceba quando sua sombra está precisando de alimento e a acolha. Não há como negar e rejeitar nossas partes sem Luz, assim estaríamos tapando os olhos para o que já existe.

Cuide dessa parte doída, que pode emergir como alguma atitude torta. Acolha, coloque para dormir, abraçando, mas também reconhecendo e identificando; se perdoando.

Só é possível evoluir de fato se enxergando por completo.

Só é possível sair da caverna por si mesmo.

Levante e caminhe que o caminho se faz.

~

Se cada um fizer o que precisa ser feito, se cada um observar onde errou e se retratar, se cada um tomar consciência para não repetir seus erros, no íntimo, evitamos catástrofes no macro.

Desastres acontecem quando somos avisados e não tomamos as rédeas. As situações se repetem até aprendermos. Sem cuidar, explode. Para que deixar atingir o extremo?

Até onde o ser humano vai precisar ir para entender que é responsável pelo que acontece?

As sombras estão atuando, e vão continuar. Mas a Luz é maior e já venceu.

De que lado você quer estar?

Proteja sua energia. Mantenha sua vibração em alta. Alinhe-se com a gratidão diariamente. Várias vezes.

Assim você eleva sua potência, atraindo tudo que ressoa nesta alta dimensão, elevando também a energia do planeta.

Confie.

Há um plano em andamento que podemos não entender hoje.

Mas ele existe.

Precisamos insistir em ser Luz.

# SEJA RESPONSÁVEL POR SI MESMO

*"O melhor trabalho político, social e espiritual que podemos fazer é parar de projetar nossas sombras nos outros."*
~ Carl Jung

Sinto que se esforçar para compreender o comportamento de pessoas que têm dores e feridas inflamadas por dentro é um dos papéis de quem nasce com mais facilidades kármicas e privilégios.

O rancor de quem sofreu abusos e mazelas, reflexos da nossa sociedade ou História, precisa ser acolhido por quem tem oportunidade de trilhar um caminho com a perspectiva espiritual. Quem tem a oportunidade dessa visão pode se esforçar para compreender a ira, a raiva, o ódio, a necessidade de pertencimento, a dor, a falta.

Acolher o erro de todas as direções. Ajudar na reparação.

Todos somos dignos da retratação.

Todos somos dignos do perdão, que é o amor em excelência.

Mas falta esse perdão porque falta amor-próprio para aceitar o que vemos em espelho. Ter ódio do erro do outro é pular no mesmo barco de amargura.

"Olho por olho e todos acabarão cegos."

Que a gente saiba viver a verdadeira compaixão, a que perdoa não apenas aqueles por quem temos simpatia, mas também os que nos incomodam.

Caminhemos cada vez mais atentos ao dedo em riste.

Aí que está a grande jornada de evolução em direção ao amor incondicional, ao amor supremo.
Falta chão.
Mas seguimos.
Avante.

~

Quando você se torna íntegro, tudo à sua volta começa a se alinhar.
É natural que algumas pessoas se afastem, outras se aproximem.
É ressonância. A química da vida.
Não precisa forçar nada, as coisas simplesmente acontecem. Por isso reforço tanto que precisamos olhar para nós mesmos, nos cuidar. Não devemos ficar culpando outras pessoas ou o entorno.
Quando você muda, tudo vai se ajustando. Vão surgindo parceiros para cada necessidade e também soluções.
Mas para isso fluir com leveza, é preciso estar bem relaxado e sem energia de cobrança. Você cuida de se cuidar bem e de repente...
Um presente, uma sincronicidade, uma chave dourada.
Faz o seu que tudo vem.

~

Não é exatamente o que se fala, mas como. Não é o que se pensa, mas a vibração.
O intuito que temos ao fazer alguma coisa, qualquer coisa.
Intenção é energia.
É o que fica.
Se você se perguntar sempre qual é a intenção de cada ação, será mais fácil trilhar caminhos luminosos.

~

Por trás da realização de um sonho há muita dedicação, consistência e vontade de evoluir, de ser uma pessoa melhor. Quando nos doamos com foco em nossa evolução, os campos férteis se abrem.

É preciso resiliência, paciência e, o mais imprescindível, dedicação diária. É possível sentir prazer ao longo do processo, porque quando estamos em conexão, somos guiados e os Deuses não soltam nossa mão.

Em algum lugar, sabemos que a conquista vai chegar e uma fé inabalável vai sendo construída.

Se dedicar é essencial. É um trabalho de formiguinha que vale muito. E é também um caminho sem fim porque os sonhos nunca acabam, não é mesmo? E, principalmente, nunca deixamos de precisar crescer e evoluir.

Na vida, é possível conquistar lindos sonhos.

~

A perfeição exaure.

Aceitar e valorizar o que você se esforça para fazer hoje dignifica. Não compare a página 4 do seu livro da vida com a página 37 do vizinho. Pode ser que no tema "relacionamentos", você esteja na 37 e ele, na 4.

É preciso constância e dedicação para se construir sabedoria. Entrega, disciplina e renúncia.

~

Você é o Seu próprio portal para tudo que deseja.
Para todo o mistério, todos os Deuses e Deusas.
Todo o Universo está em você.
Mergulhe.

~

O ego sente orgulho, raiva, inveja, ódio. Reclamar é típico do ego. Mesmo que seja um pouquinho. Você se percebe quando reclama?

Acredito que ganhamos pontos quando reconhecemos, identificamos e ligamos o sinal de alerta para nos esforçar mais e reclamar cada vez menos.

Já a alma sente amor, transborda, ajuda, elogia. Sabe quando a gente é Luz?

Dá para saber.

Agradeça qualquer coisa, agora. E sinta transbordar de tanto agradecer.

Pronto, gratidão. Eleva muito.

Pura vibração astral.

## CULTIVE A LUZ NA SUA VIDA

*"Mata o mal em ti, assim o mal no
mundo não pode mais te agredir."*
~ Krishnamurti

A Quinta Dimensão está disponível para nós. É uma frequência, um estado vibracional. E uma das grandes chaves para acessá-la é a gratidão.

Já estudei sobre isso, mas nada como a experiência. Confirmar na prática traz sabedoria.

Perceba por si mesmo:

Sabe quando você, de repente, sente tanta alegria, tanta felicidade que o peito fica cheio e você começa a sorrir do nada, a ponto de até chorar? Sabe quando você se arrepia e os olhos enchem de água?

Chamo essa sensação de arrebatamento de alegria. Acontece quando estamos gratos, às vezes por coisas muito pequenas.

Comigo acontece, por exemplo, ao me deitar na cama à noite, vendo o sorriso de quem amo, uma lembrança potente, uma memória, alguma música que se torna um gatilho; muitas vezes em conexão com a natureza, mergulhando no mar ou vendo o céu; também acontece bastante meditando…

Sou arrebatada por essa sensação. E em todas essas situações eu estou muito, muito agradecida por tudo.

É imenso!

É gigante! Tão gigante que transborda.

É uma sensação muito especial.

Dá vontade de ficar lá... mas logo voltamos para esta dimensão, a 3D. Sim, vivemos aqui neste planeta de Terceira Dimensão, denso, tangível, mas podemos acessar a Quinta, sutil, invisível.

Não é de hoje que percebo que estar disposta a ser grata faz essa sensação maravilhosa se repetir tantas vezes.

Abra o seu coração para gratidão e sintonize na 5D.

~

Quer avançar casas no Jogo da Vida?

Perdoe e seja grato. Perdoe tudo e todos. Ande leve, sem correntes. Pense que você atrai exatamente o que precisa para evoluir. E agradeça, diariamente, diversas vezes; pelas experiências, pela existência, por viver!

Deixe essa sensação tomar o seu corpo e transbordar.

Pronto!

A chance de vencer o jogo é gigante.

~

Que sorte estar aqui
   Que sorte poder sentir
   Muitas vezes nos escapa
   Mas conhecemos
   Esse sentimento
   Esse lugar
   Essa sensação
   De que a palavra não dá conta
   Que sobra
   Que derrama
   Que transborda
   É só para isso que estamos aqui

É só para isso tudo
É só para esse muito
Que faz sorrir, que faz ouvir, dar as mãos, dividir
Sinta
Está aí
E está aqui
Que sorte a nossa

~

Perdoar
    Andar leve
    Sem correntes
    Sem rancor
    Sem culpar
    Faça por você
    Regenere em você
    Transmute em você
    Coração-pluma
    Deixa pra lá a indignação
    A raiva
    O ódio
    O ardor
    Por mais coerente que pareça
    Deixa pra lá
    Não vale a pena
    Sem amarras
    Sem pesar
    Sem apontar
    Transforme e seja livre
    Verdadeiramente
    Livre

~

Perdoar é o sentimento mais profundo de libertação que existe. É algo individual e até solitário, pois tem mais a ver consigo mesmo do que com o outro. É sobre ir muito além na perspectiva do todo: é transmutar.

A razão não dá conta dessa visão porque tudo acontece no coração. O perdão é sentir em plenitude de doação. Precisa de inteligência emocional para soltar o peso da dor. É andar mais leve, desapegar do passado.

É aceitar a própria história — e a História.

Não é defender ou assinar embaixo. É deixar partir a raiva, o ódio e o rancor.

Porque quando se tem alguém que não recebe nosso perdão, uma reserva de energia da vida é gasta para manter os sentimentos de dor, mesmo que nos porões do inconsciente. Uma bola de ferro no pé, um peso, uma trava.

Ao condenar, nos condenamos.

Deixe que a vida cuida. Deixe que o destino faça escola. Deixe que o amor prevaleça em nossas existências.

## ACEITE E APRENDA COM OS MOMENTOS DE SOMBRA

*"Da sua vulnerabilidade virá a sua força."*
~ Sigmund Freud

A dor existe para nos tornar mais conscientes. Ela chega para nos deixar atentos, e não para nos fazer infelizes. Tempos de dor são potencialmente tempos de transformação.

Ela chega para nos despertar e nos deixar conscientes. Quando a vida é confortável, podemos facilmente perder esse importante estado de alerta. Ao compreender isso, conseguimos entender que tudo é para nossa evolução.

Para aproveitar bem esses momentos, não podemos entrar em negação, precisamos viver a dor, mas sem culpa ou autopiedade.

Experimente ver por essa perspectiva e, quando a dor bater na porta, receba-a como possiblidade de estar mais alerta, desperto e consciente.

~

Mergulhar em águas profundas, com sanidade, é um presente que a espiritualidade pode entregar.

Ser grato mesmo quando a dor chega. Confiar no que vem. Sentir amor por si mesmo e se acolher.

Nessas horas, se caminha com o coração apertado, mas também é possível enxergar a Luz.

Sim, tudo tem um porquê. Ou melhor, um para quê. E sempre é para nossa evolução.

Entender isso, nem que seja repetindo em looping até a pele rasgar como um disco arranhado.

Está tudo bem.

Sempre esteve.

Agora, onde tudo vira passado. E o hoje é o que importa.

Emergir e respirar fundo.

Temos um oceano todo pela frente.

~

Para não tocarmos em sentimentos negados ou em situações dolorosas do passado, usamos toda sorte de distração: viagem, internet, compras, festas, comida e tantas outras. Tudo para tentar amortecer a dor que está por trás da angústia e ansiedade.

Só que uma hora o efeito dessas ações bate na porta e precisamos olhar.

A vida nos força a encarar acontecimentos que assustam, como uma doença, uma perda, um acidente, um término.

Isso é a crise, que força o despertar, a mudança. Se está acontecendo, é porque alguma coisa estava errada havia muito tempo.

Mas crise é bênção, uma oportunidade de transformação, de cura.

Só que transformação exige coragem para olhar a própria Verdade e mudar. E a mudança exige renúncia.

Para o novo entrar, precisamos abrir mão de alguma coisa.

Essa é a chave: não ter medo de perder.

Abrir espaço para o fluxo da vida.

Tudo é impermanente.

~

Tem dias que o vento bate mais forte.
E você só quer desaguar.
Tem dias que tudo parece voar e, então, é preciso acalmar.
Banho, cama, colo.
Se dê colo.
Trate-se como aquele que mais ama.
Dê chá e afeto.
Recolha-se.
Mingue.
Permita-se morrer para, então, renascer.

~

Nem tudo são flores, e tudo bem. O vendaval vem seguido de calmaria e céu estrelado. Viver é intenso mesmo.
Se não der tempo, não deu. Respeite-se.
Se não tiver vontade, não deu. Acolha-se.
Às vezes, é preciso se recolher bem para dentro, para logo então brotar com o brilho de quem respeitou os ciclos.
Somos vida-morte-vida.
Somos cíclicos.
Somos Lua.
Somos fortes.
Somos força.
Confia.

~

É preciso perder alguém para saber amar em excelência?
É preciso ficar doente para aprender a se cuidar?
É preciso ver a morte de frente para entender que a vida é agora?
É preciso machucar para entender sua responsabilidade?

É preciso viver situações adversas para entender que somos seres espirituais?

Por enquanto, tem sido assim aqui na Terra.

É preciso tirar a casca grossa de anos em desconexão para encontrar a fruta doce da reconexão. Muitas vezes se caminha até esticar bem a corda. Vai-se até tropeçar, morre-se em vida.

E então a Luz se apresenta.

Enquanto isso, vive-se na inconsciência, aleatoriedade, sem responsabilidade, criticando, apontando o dedo, ferindo, se autossabotando.

Por quê?

Por que é preciso ir tão fundo para ver a Luz?

E por que, depois que despertamos, a Luz pode vir a mirrar?

Sinto que viver é se redescobrir a cada instante e encontrar prazer nisso. Trazer naturalidade para isso.

O espiritual faz parte de TUDO e somos a geração que está se esforçando para implementar no dia a dia: na rotina, no trabalho, nas empresas. Nas ideias. No Ser & Estar.

No viver.

Para um dia chegarmos à fruta doce com mais suavidade. Enquanto isso, vamos rasgando as cascas.

Preparando a casa.

Enquanto isso, vamos nos dedicando a não esquecer.

## O PROCESSO DE TRANSFORMAÇÃO

*"Depois de todas as tempestades e naufrágios, o que fica de mim e em mim é cada vez mais essencial e verdadeiro."*
~ Caio Fernando Abreu

A cura acontece quando começamos a pensar diferente, a nos sentir diferentes, a enxergar as coisas de forma diferente.

Enquanto estamos fixos, estamos doentes. Quando se abre espaço para outra perspectiva, a cura começa a se apresentar porque vem o outro olhar.

O entendimento.

É preciso compreender que tudo é SEMPRE perfeito como é, por mais injusto, cruel ou terrível que pareça no agora. Existe um motivo e, com o tempo — tempo que seu livre-arbítrio demora para enxergar diferente —, será possível ver o TODO e acordar.

~

Não se acomode, não.

A gente está aqui para evoluir. Acreditar que as coisas são assim ou assado e que esse é o jeito que a gente age desde sempre é perda de tempo. Nós podemos ser muito mais.

Mais amorosos.

Mais cuidadosos.

Mais respeitosos.

No primeiro momento, talvez essa mudança precise ser mecânica, inorgânica, cheia de disciplina e auto-observação.

E aí então logo, logo o novo você nasce.

Poderoso, espontâneo.

E te surpreende, vira exemplo. E você não vai sentir saudade do antigo, que jaz no passado. No lugar onde estão as lições.

É para a frente que se anda, com consciência e integridade.

~

Você consegue perceber que, quando você está mal, fica mais difícil fazer boas ações? E que, quando se está bem, feliz da vida, a gente espalha sorrisos e gentilezas?

Não deveria ser assim.

As vicissitudes da vida não deveriam moderar nosso comportamento; aí é que está a evolução: os fatores externos não alterarem a essência. Mas, percebendo isso, dá para compreender que quem faz maldades está muito mal por dentro.

Existe um pensamento para isso: "Quanto maior a maldade, maior a dor."

Então também conseguimos entender que a verdadeira revolução acontece intimamente. Não há como existir um mundo melhor com pessoas vivendo à base de ódio, rancor, raiva, culpa, cobiça, inveja...

Vamos ter muito mais vontade de fazer o bem estando verdadeiramente bem.

O amor transborda.

A evolução do planeta passa primeiro pelo autoconhecimento e pela evolução pessoal. Não dá para fugir de si mesmo. Precisamos nos enxergar e parar de apontar o dedo.

A dedicação há de acontecer e ser constante. Temos essa responsabilidade, essa oportunidade, e está em nossas mãos aproveitá-la.

Sempre é tempo para se corrigir e agir.

~

Dizem que a alma escolhe quando chega e quando parte, mas a dor de quem fica é imensurável.

Mesmo confiando na vida após o véu, temos um apego imenso à presença. Mistérios da escola Terra, de onde as incertezas fazem parte.

É tudo muito além do que podemos imaginar. As palavras e a cabeça não dão conta. O que temos é a fé, a ternura, a compaixão e o amor que precisa ser lembrado e vivido com totalidade.

Diariamente.

Viemos aqui para correções que têm a ver com o perdão, e adiar é gastar tempo.

Paciência com suas dores, sim, mas coragem para avançar sobre o rancor e a ira.

É preciso saber amar em verdade.

Nos ocupemos disso e de mais nada.

~

Podemos, sim, escolher o que plantamos, mas a questão é que muitas vezes plantamos com inconsciência. Escolhemos, sem pensar, atitudes autossabotadoras que nos colocam onde não queremos estar. Porque não tem jeito, a colheita é obrigatória.

Aí é que entra o autoconhecimento, para conseguirmos perceber que um comportamento nos leva à colheita indesejada e, então, jogar luz onde não enxergávamos, onde agíamos à sombra da consciência.

Mas muitas vezes não é óbvio, porque nossa mente adora nos enganar:

"Qual o problema de ter falado isso?"

"Eu sou assim mesmo."

"Não foi minha intenção."

"Amanhã eu faço diferente."
"Eu não estava falando mal dela, foi só um comentário."

Temos sempre o nosso livre-arbítrio e é possível, sim, nos resignar em um perfil, mas nesse caso não podemos reclamar da colheita indesejada. Só vamos conseguir colher bons frutos se plantarmos boas sementes.

O resultado muda quando mudamos a ação. Consciência no presente ajuda a perceber os atos, os pensamentos, a fala, os comportamentos. Integridade e impecabilidade são metas do longo caminho de evolução.

Na dúvida, recolha-se, cale-se e, então, aja a partir do centro. De dentro.

Os tropeços fazem parte, mas o importante é saber reconhecer, tomar consciência e se dedicar a fazer diferente.

O empenho nos leva além.

E a colheita será consciente e farta.

~

Você acha mesmo que a vida é essa corrida dos ratos, essa selva de pedra, com viagens esporádicas para desestressar?

Você acha mesmo que a vida é só casar, ter filhos, trabalhar?

Feche os olhos.

Você sabe que o que viemos fazer aqui é muito maior. Que cada circunstância tem um motivo, uma finalidade e uma consequência.

Estamos aqui para ter consciência em cada momento. Temos a missão de evoluir. De usar o nosso talento para impactar positivamente o mundo. De construir o nosso destino, sabendo que para cada ação existe uma reação.

Tudo o que se faz, se colhe.

Que a gente tome nossa vida nas mãos, sabendo cada vez mais sobre nós mesmos, a nossa história desde o útero, de nossa família, de onde viemos e por que nos comportamos assim hoje.

Que não nos conformemos com o barco à deriva.
Somos tudo o que quisermos ser.
E temos total responsabilidade sobre quem somos agora.

~

É chegada a hora de recomeçar.
Trocar de roupa.
Mudar de cara.
Quando aquela roupa que sempre deu certo não orna mais... Quando a música que você sempre amou não emociona, não te diz mais nada...
Troque o disco.
Faça a mala.
Avance.
E ande pelo novo caminho que te cai bem. Não o que querem que você trace, mas aquele que sempre sonhou.
É importante lembrar quem verdadeiramente somos. Nossa verdade. O que faz pulsar lá dentro. Sem precisar de ninguém para aplaudir. Porque você está tão em êxtase que nem precisa de plateia, mas, se acontecer, que lindo!
Vamos em frente.
Lado a lado.
A Luz está ali, vibrante.
É para a frente mesmo que se anda.
É com coração, coragem que se vive, sem pesar.
Compartilhando benesses, alegrias, valor. Vamos em frente.
A vida é rara, é única, é clara.
É mágica.

~

Colocamos em prática nosso grau de evolução quando acontecimentos que desagradam nos atravessam, acontecimentos que consideramos errados ou negativos; os imprevistos da vida.

A forma como reagimos é o termômetro do nosso estágio. Não existe um caminho em que tudo é perfeito, mas podemos, sim, manter a leveza e o equilíbrio.

Ok, não é simples mesmo, ainda não viramos todos Buda. Mas ter isso como meta ajuda a subir os degraus da transformação e a não se conformar com as próprias sombras.

~

Pare e pense.

Ou melhor, pare e sinta.

Você sabe o que é importante.

O que você pode fazer AGORA que vai te deixar melhor.

O que precisamos para evoluir está ao nosso alcance.

Sempre.

Se na sua história evolutiva você precisa resolver uma questão, pode ter certeza de que essa questão vai estar disponível para ser resolvida por você. O que acontece é que a gente muitas vezes procrastina, não quer ver ou transfere a responsabilidade.

É muito mágico entender que dá para agir JÁ. Dá para começar AGORA a tomar alguma atitude que vai fazer avançar casas.

E, quando se começa a agir, outros nós vão se desfazendo.

A gente sabe. A gente sempre sabe.

O ponto é agir, e começar hoje!

Agora!

Já!

~

Como evoluímos positivamente?

Tomando consciência.

E como se toma consciência?

Estudando, meditando, lendo, conversando, observando, se inteirando ou... errando.

E então, quando é tomada a consciência, precisamos nos manter com a atenção plena e o corpo presente para não repetir o erro. Nós somos repetidores de padrões, que estão incrustados nas nossas entranhas culturais, ancestrais e educacionais, durante gerações, por vidas inteiras.

Por mais que não desejemos repetir, acontece. Mas a perseverança e a dedicação são companheiras e, de degrau em degrau, é possível, sim, atingir a autotransformação.

É preciso se dedicar.

E então o resultado surge.

~

O caminho do autoconhecimento e da espiritualidade é a evolução.

É o oposto do conformismo. É sair da zona de conforto e mergulhar nas dores com o esforço de compreender e quebrar os padrões. É se ajudar para ajudar melhor o outro.

Quando estamos bem, conseguimos enxergar em volta e colaborar com as pessoas e a sociedade com mais inteireza.

Quando estamos bem, progredimos.

Quando estamos bem, inspiramos.

É autocuidado para saber como cuidar do outro.

É despertar para enxergar mais claramente a si mesmo e o entorno.

É ter autorresponsabilidade.

É atuar em vez de criticar.

Não acredite no que escrevo, perceba por si mesmo.

Perceba na sua vida o quanto você ajuda quando está bem.

E como fica mais desafiador estender a mão quando está mal.

Perceba em sua vida a própria evolução e como ela vem ajudando as pessoas e o mundo.

Não é preciso convencer ninguém; os benefícios de um caminho de autoconhecimento ficam nítidos para quem o percorre.

Perceba.

~

Não se esqueça de você.

Coloque-se em primeiro lugar.

Temos a tendência de nos encantar e começamos a viver o que não é verdadeiramente importante para nós. Mas pare e pense no que é importante para você e se concentre nisso. Envie o seu amor para onde há ressonância, para onde há retorno.

Cative e cuide dessa remessa de amor que lhe é enviada.

Aí está o seu maior tesouro.

Não se acomode nem se distraia. Não se confunda.

Muitas vezes nos perdemos de nós mesmos e é preciso um susto para acordar, para relembrar. Mas o coração sabe e explode de alegria quando você se lembra. *É aqui, ó!*, diz ele. *Aproveite esse cenário que a vida te deu e coloque sua energia aqui!*

E lá vai você querendo aquilo ali... para quê?!

Olhe o que tem em mãos e use, coloque mais combustível no que está aí disponível, ao seu lado, vibrando, te olhando!

Quando nos colocamos em primeiro lugar, temos mais para dar. Temos sobra, que transborda, vaza, galopa.

Abraça, cuida, olha profundo, entrega, receba. Tudo. Agora.

É bem mais simples do que parece.

A cabeça confunde, mas o coração sabe. Deixa falar.

~

Me faz uma promessa?

Me promete que em primeiro lugar vem você? Se cuide muito, se ame, passe creme no pés, amarre fitas no cabelo, coloque mantras nos ouvidos.

Me promete?

Promete que entende que o mundo não vai acabar se você for mais devagar? Que vai parar e ver os sinais antes de escolher esquerda ou direita, usando o seu privilégio de se priorizar.

Inspire e expire.

Agora.

Profundamente.

E vai, percebe o que fala aí dentro de você e faça.

Pare de maquinar, de ruminar.

A cabeça é doida, faz mil voltas e nem sabe mais o que é verdade ou mentira. Certo ou errado.

Escute o baixinho do peito. Brinde o que já está.

Seu tempo é hoje.

Aqui dentro da barriga cheia de borboletas. Para o novo. Avassalador instante completamente novo.

E então, se você prometeu o que cumpriu, a melhor versão chega para aproveitar tudo.

O melhor da festa, que não pode parar.

Promete?

Confio em você.

~

Eu tenho preguiça às vezes. Erro muito. Sou zero fada sensata, perfeitona, sem defeitos. Eu bebo, eu fumo, eu grito, eu berro, eu machuco, eu ofendo.

Mas dedico a minha vida à evolução. Eu vou lá no fundo, no meu lodo, na mentira, na dor, no que dói olhar.

É preciso ter coragem para se encarar.

Temos mil ferramentas disponíveis para nos ajudar.

Ser positivo é importante, assim como ser otimista. Se permitir sentir a dor também, é óbvio. Mas, desculpa, isso a gente sabe fazer muito bem.

# ESPELHOS

*"Somos irresistivelmente atraídos por quem vai nos trazer os problemas que precisamos para a nossa própria evolução."*
~ Alejandro Jodorowsky

Namorar é bom demais, mas também bastante complexo. Ficamos com um espelho na nossa frente o tempo todo. Por isso dizem que um relacionamento amoroso é a universidade da vida, porque é onde podemos exercer a nossa evolução. Tudo fica exposto conforme o tempo vai passando.

Engana-se quem cai na cilada de ficar apontando o dedo. Culpando o outro. Uma pena...

Não aproveita o espelho. Namorar é ter a casa cheia de espelhos. É bonito demais quando sabemos usar essa casa, reconhecendo as próprias sombras e acolhendo as do outro.

No entanto, mais importante ainda, é se cuidar de verdade, se namorar em primeiro lugar, porque assim você atrai o que tem ressonância com todo esse amor-próprio e afasta o que não tem a ver com essa Luz. A gente atrai nossos semelhantes.

Cuidar de si mesmo é primordial. Estar em paz e satisfeito com a própria companhia, ter o que transbordar.

Aí o namoro bonito vem, é um florescimento.

Porque você se ama e quem se aproxima ganha com isso. Só podemos dar o que já temos.

Que seja amor.

Muito amor.
Se ame.

~

Fala-se muito que o amor é a solução para tudo. Que o amor cura, que o amor salva. Mas será que sabemos amar com excelência?

Não há outra forma de amar verdadeiramente o outro, precisamos aprender a nos amar verdadeiramente.

Cuidar de si é primordial.

Estar satisfeito e em paz na própria companhia. Na solitude.

E então, quando se relacionar, não se vitimizar com os incômodos que vão surgir. Porque eles vão surgir.

Se estamos empoderados no amor-próprio, não nos perdemos no espelho. Aí conseguimos atingir a potência máxima do amor: o perdão. A todos e tudo.

Viemos aqui para perdoar e voltaremos quantas vezes forem necessárias até aprender.

Enquanto se aponta o dedo, será preciso voltar.

Para aprender que em todos e tudo está o espelho para nos enxergarmos. É assim que evoluímos.

Seja o sábio. Ocupe-se de si. Aproveite o que te incomoda no todo para curar em vez de se vitimizar, penalizar, indignar. Identifique a sua ferida e encontre sua cura para então conseguir amar em verdade.

O amor não julga o seu irmão, pelo erro que for, quando a ferida interna está perdoada.

Esse amor, sim, é tudo de que precisamos.

~

Lemos umas frases bonitas, mas esquecemos de colocar em prática.

Amor não se adia.

O amanhã não é garantido nessa vida.
Vale o esforço para não deixar a noite virar dia com algum nó.
Dormir brigado faz mal.
Viver brigado com alguém, então... mina a vida.
Não adie aquela conversa, não adie o pedido de desculpa, não adie o afeto... Não adie o perdão, mesmo que interno.
Diga que acha bonito, que gosta, faça carinho, elogie, ofereça ajuda.
Quando você dá, recebe. De algum lado, o Universo te devolve.
Agora vá lá, abrace alguém e diga alguma coisa bonita. Não deixe pra depois, porque pode ser que o depois se perca.
Não espere perder...
Fazer a vida mais bela no agora está nas mãos da gente, que dá o presente.
Entrega.

~

A todo momento que nos sentimos superiores, estamos involuindo.
Às vezes temos certeza de uma opinião, seja ela política ou social, e quando o outro pensa o contrário, vem a superioridade, criando a separação.
Não há Luz na separação. A Luz sempre une e acolhe.
Por mais diferente que seja esta opinião, você compreende e aceita o outro, o diferente de você. Sem revolta, sem rancor, sem arrogância.
Me esforço para lembrar sempre: se me senti superior, estou involuindo.
É importante estar atento.
Assim nos mantemos no caminho da Luz mesmo quando o ego é sorrateiro.

~

Se inspirar no que você vê de potência no outro é acionar a própria Luz interna.

A nossa mente fica a todo tempo se comparando. Julgando. E assim podemos nos sentir menores ou superiores.

Para não cair no truque do ego, acredito ser importante se esvaziar e deixar a Luz do outro penetrar em você. E compreender até mecanicamente se for necessário: se você enxergou algo que gostaria de ter, acredite, você já tem, mesmo que latente. Confie que você pode também manifestar esse poder em você.

E caso seja algo que te incomode, acredite, você também tem essa sombra, mesmo que seja semente; veja essa crítica ao outro como uma oportunidade de auto-observação, de consciência e, assim, de autocura.

Somos espelho e está tudo interligado.

Cada conexão é uma oportunidade de evolução.

~

É muito lindo o ensinamento de que todos os que chegam até nós têm alguma coisa para nos ensinar.

Todos mesmo.

Desde uma pessoa muito simples até um mestre.

Estar aberto e esvaziado para receber é o que possibilita o aprendizado. Além da humildade de perceber que mesmo entendendo de algum assunto, outra perspectiva, outro olhar, é sempre interessante e engrandecedor.

Uma das formas de o Universo se comunicar com a gente é pelas pessoas, mas é preciso abrir a escuta e o coração para receber.

~

Não é fácil reconhecer os próprios defeitos, se enxergar feio. Fugimos o tempo todo disso.

Mas esse é o primeiro passo para a evolução: ver o desequilíbrio.

As relações são grandes espelhos para encontrarmos essa fenda. Pode até dar preguiça e vontade de se resignar, mas a vida vem e te força a mudar, arrancando alguma coisa na marra, trazendo uma crise.

Estamos em um ponto da transição planetária em que tudo está bastante acelerado. Podemos escolher evoluir pela autoconsciência, fazendo nós mesmos as mudanças necessárias, ou pela dor.

Mas a mudança vai acontecer.

É sim ou sim. Não tem jeito.

A Luz acendeu.

Está na hora de agir.

~

A consciência une corações e almas, nos fazendo lembrar que somos Um com o Todo. O que me incomoda em você está em mim. O que você vê de beleza em mim está em você.

Somos espelho.

É preciso ser lúcido e expandir a percepção para compreender e, assim, aproveitar a oportunidade de estar em contato com o outro para se enxergar. Não conseguimos ver o que não tem ressonância.

Portanto, nossas relações são grandes chaves evolutivas.

Estamos todos conectados.

~

Perceba que o orgulho e o vitimismo são os principais obstáculos para se crescer em uma relação. O desentendimento pode acontecer, mas a forma como saímos dele é que faz a diferença.

Começar reconhecendo os próprios erros e pedindo desculpas ajuda muito a fazer o outro baixar a guarda e reconhecer os próprios erros também.

Não chegamos a nenhum lugar achando que somos as vítimas e que o outro é sempre o culpado.

~

Admitir um erro e pedir desculpas é das ações mais nobres. E, por mais difícil e dolorido que pareça ser, precisamos lembrar sempre que é nesse momento que nos aproximamos do coração do outro.

E é isso que dá medo, então nos agarramos no orgulho, que nos mantém distanciados e falsamente protegidos. Se jogar no caminho do coração é se jogar na própria verdade, mesmo ela não sendo tão bonita.

~

Estamos em transição
Faz parte errar para evoluir

Estamos em transição
Faz parte o pêndulo ir para o extremo
para depois ajustar

Estamos em transição
Faz parte enxergar o que não víamos
para conseguir transmutar

Medo de errar.
O eco para receber aplauso.

E a sua essência escoando pelo ralo.

Necessidade de pertencimento.
Uma causa para dar voz.

É importante lembrar:
sem saber quem se é,
a causa que você diz ser sua,
mas é a do outro,
te engole.

Quanto mais se conhece os próprios gatilhos
mais colheita em verdade
o vendaval não derruba,
traz ainda mais sabedoria
porque se observa o vento

Saber envergar
Fluir
Mudar de ideia
Ouvir os lados

Adaptar

Estamos em transição
Tudo parece confuso porque é sabendo-se perdido que nos encontramos

As certezas precisam cair por terra
para criarmos o novo
a partir do que ainda não sabemos
Do que se movimenta dentro

Desculpa o transtorno, mas estamos em transição.

# PARTE III

# VIBRE NA FREQUÊNCIA DO UNIVERSO

*"Somos o que pensamos. Tudo o que somos surge com nossos pensamentos. Com nossos pensamentos, fazemos o nosso mundo."*
~ Buda

## CONEXÕES

Às vezes, sentimos um aperto no peito pela dúvida do que vem pela frente. Tantas possibilidades, caminhos, desafios, turbulências...

Pois esse é o momento de lembrar que tudo é uma questão de ajuste interno. Perceber que a antena pode estar apontada para o lado sem fé na vida e, então, usar as ferramentas que elevam.

Lembre-se de que tudo é vibração.

Se estamos vibrando em uma frequência baixa, vamos atrair tudo o que vibra baixo, por ressonância.

Por isso é tão importante se observar sempre e se dedicar para mudar a frequência, caso se perceba com medo, culpa, raiva, angústia, vergonha, rancor...

Você não nega o sentimento. Identifica e escolhe direcionar a uma vibração diferente. E então vai se elevando e percebendo cada vez mais o que te faz bem, o que te eleva.

Por isso o autoconhecimento. Para conseguir se perceber, se conhecer. Identificar e transmutar. Dissipar de acordo com a sua individualidade.

É um Universo de possibilidades e quem escolhe a vibração somos nós.

Perceber a si mesmo é magnífico e poder mudar a vibração é divino.

Aí é que está a Deusa em você.

Nós temos esse poder de sermos senhores de nós mesmos. De tomar as rédeas da vida.

Acredite e experiencie.

É experienciando que se ganha sabedoria.

## SENTIR É SOBERANO

Ao experienciar, percebemos a verdade nas sensações e no corpo. Não importa o que falam, o que está nos livros ou nas crenças — você sentiu, você viveu, você sabe.

Ao ser uma experienciadora, nada pode tirar a certeza do que se sente.

É maior do que qualquer teoria, qualquer sermão, qualquer escrito. Fica ainda mais poderoso quando você sente no corpo o que grandes mestres orientam.

Mas não é necessário seguir apenas um mestre, e, sim, fazer a sua ciranda de mestres, sempre respeitando o mestre maior: o seu sentir.

~

Antes de experimentar, temos um pré-julgamento; depois de experimentar, temos uma opinião. Cheguei nesta conclusão já que a nossa mente acredita que sabe antes de experimentar. Mas o nosso mental não tem como saber a experiência.

Viva e então perceba pela sensação. Coloque em prática.

A prática traz a experiência que leva à sabedoria.

Sentir é soberano.

~

Experimente fazer uma lista do que te deixa feliz. De tudo que te faz parar de contar as horas, esquecer do tempo humano.

Então faça uma lista do que você tem feito nos últimos dias, nos últimos meses.

Compare as duas listas e se permita adaptar, trazendo para o agora mais ações da lista das coisas que te deixam feliz.

Momentos lindos podem acontecer a todo instante, quando somos honestos com nós mesmos e começamos a atuar e nos dedicar ao que amamos.

Acredite e faça.

Tentar não tem força nenhuma. Se dedique. Experimente. Experiencie. Experienciar te traz a percepção verdadeira.

Se permita estar mais grato, fluir, ter prazer, se permita viver no agora o que te faz bem.

Compare as listas e aja.

~

Viver em plenitude é o mais importante de tudo. Viemos para sentir uma experiência terrena. Para deixar as emoções nos atravessarem. Sentir é algo potente neste planeta azul.

Quando racionalizamos demais, nos desconectamos da missão.

Experienciar é o maior dos propósitos.

É quando se perde a hora, é quando se transborda, gargalha, chora, goza, vibra, arrepia. Está no tilintar dos copos, no brilho da luz do Sol no final do dia, no corpo quente, na água salgada e doce, no som dos pássaros, no cheiro da terra molhada, no beijo na boca, no amor que fica e rasga a pele. É o incognoscível, o inominável.

É tanta coisa que só cada um sabe e viveu de uma maneira, à sua maneira.

Estar vivo aqui e agora é um presente.

Que a gente saiba aproveitar.

~

Sabedoria acontece, mesmo, quando se aplica na matéria.

Absorva de fontes variadas e cheque na sensação. Se trouxe bem-estar e leveza, então tem ressonância.

Você não precisa concordar porque está neste livro ou mesmo em uma escritura sagrada, nos jornais ou nas palavras de uma pessoa importante.

Cheque sempre na sua sensação.

Confie em sua sensação.

Invista nela.

Quanto mais você calibra seu termômetro pela sensação, mais exato ele fica. Perceba como você se sente ao aplicar cada ensinamento, cada saber. Fique com o que te serve e jogue fora o que não funciona — junto com os julgamentos, bom lembrar, porque pode não servir para você, mas talvez funcione para outra pessoa.

Sentir é seguro e nos leva além.

~

Estar na Terra é um imenso presente para SENTIR. A magia da vida acontece nos pequenos-grandes momentos: na brisa do vento, no sorriso de quem se ama, nos pés sentindo a água do mar...

Não precisamos esperar nada, nenhum grande feito, nenhuma imensa conquista para aproveitar a bênção de estar neste planeta. Mas temos nosso livre-arbítrio e é possível, sim, nos perder escolhendo querer conquistar sem parar, a cabeça no futuro planejando, e a vida acontecendo na mágica do Agora. E a gente deixando escapar...

Sabemos, no fundo sabemos. Mas como é importante nos ajudar a lembrar.

Mais uma vez.

E outra.

~

Escutar a intuição nos leva a lugares mágicos. É uma voz suave e repentina que chega acompanhada de calor no peito. A intuição fala conosco quando não estamos pensando sobre algo e, do nada, aparece um pensamento, dando uma indicação de caminho.

Olhando a vida do alto, como um tabuleiro, vejo que seguir esse sussurro me leva a outras ramificações, outras etapas, distantes das anteriores. Um novo mundo se abre.

Às vezes vamos a certos lugares para ver e ouvir algo que vai nos guiar até outras aventuras. Mas é preciso se levar até lá.

Na zona de conforto você lida com o mesmo para sempre.

Que a gente saiba a diferença entre esperar e perder tempo. Que a gente saiba a hora de seguir, podendo viver experiências novas e especiais.

Mas como diferenciar mente e intuição? A mente atua quando estamos buscando uma solução e pensando muito sobre o assunto, nos dando uma ideia, luminosa ou não. Já a intuição vai ser sempre de Luz, apesar de falar baixinho. Só que cada vez que damos voz a ela, mais ela fala. É a voz do nosso Eu Superior e nos coloca na estrada da nossa missão.

Coragem para seguir essa voz.

~

A princípio, as chaves para uma vida plena podem ser usadas mecanicamente.

Você pode, de forma mecânica, acionar a gratidão, que é a chave para Quinta Dimensão. É só pensar em algo que você viveu e que te deixe em estado de graça e, pronto, você já está na vibração.

Faça isso diversas vezes ao dia para elevar sua energia.

Você também pode se forçar para ficar em silêncio ao vir à mente a vontade de reclamar. Por mais plausível que seja. Engula. Silencie. Não reclame.

Você também pode inspirar profundamente. Agora.

E daqui a pouco.

Você pode escolher ser otimista e atrair tudo o que vibra nessa elevada frequência. Positivo atrai positivo.

É quântico.

O Universo conspira a nosso favor quando estamos em graça. E assim, de repente, você passa a não precisar mais forçar tantas vezes. Acontece de forma natural, a graça só vem.

E tudo começa a ficar mais leve e supreendentemente mais alegre.

## ENTENDENDO SEU PROPÓSITO

*"Quando uma criatura humana desperta para um grande sonho e sobre ele lança toda a força de sua alma, todo o Universo conspira a seu favor."*

~ Goethe

Eu sei que a palavra propósito pode estar desgastada para você, mas te convido a parar por uns minutos e lembrar o que você ama fazer. Seu prazer nas horas vagas, o que você gostava quando criança, o que te faz feliz.

Quais são esses prazeres que fazem você pulsar e o tempo parar?

Costurar, cozinhar, plantar, falar, escrever, astrologia, biologia, moda, ciência, pintar, desenhar, fotografar, cinema, ayurveda, matemática, filosofia, psicologia...

Seu propósito pode misturar temas que inicialmente não têm a ver, mas que você pode conectar.

Deixe seu prazer fluir por você e, quem sabe, construir uma profissão nova.

Construa o novo através do seu prazer.

~

Quando criança, sabemos nossa missão. Somos espontâneos e livres.

Não temos pudor nem temor. A energia vital pulsa sem bloqueios.

O interessante é saber dar limites a uma criança, mas sem reprimir.

Mas a sociedade e a família, com a moral e a cultura nos colocam máscaras para agradar ao mundo e, assim, esquecemos nosso propósito.

É o jogo da vida.

Que a gente aprenda a deixar a nossa criança interior falar.

A nossa espontaneidade, a nossa vulnerabilidade, a nossa verdade.

Que a gente se lembre do nosso desígnio.

Expandindo a consciência, conseguindo cada vez mais dar voz a essa criança e, assim, nos alinhando com o nosso propósito.

Nos encaixando em nosso lugar na grande colmeia do Universo.

Autoconhecimento é a chave.

Propósito é o florescimento.

~

Quando você se alinha ao que veio fazer aqui, tudo se abre. Uma orquestra te guia para encontrar as pessoas e os lugares certos.

O propósito não precisa estar ligado a trabalhar diretamente com espiritualidade, você pode ser agente luminoso em qualquer área da matrix, desde que atue na sua missão. Desde que sinta alegria, muito prazer e seja fonte de amor e união.

E como saber esse propósito?

Se ame, se cuide, se conheça.

Não precisa ficar obcecado em descobrir essa missão. Viemos aqui para evoluir. A missão é um florescimento do autoconhecer. Se concentre em você, não fuja de si mesmo. Acolha todas as suas sombras e revele sua Luz.

Estamos todos em um processo fortíssimo de transição planetária.

Não viemos a passeio, mas podemos, sim, nos divertir muito durante a caminhada.

A vida é para ser leve.
Confie, acredite, comece e siga caminhando.

~

Resumindo o que aprendi e que sinto que facilita chegar ao famoso propósito:
Algo que você faz com FACILIDADE e PRAZER desde criança.
E que FAZ BEM não só a você.
E que te traz ALEGRIA enquanto está fazendo.
Descobriu? Não?
Então pense um pouco mais sobre esses pontos e depois desapegue. Um dia você vai ter um insight.
Agora, se você já sabe, coloque em prática. De alguma forma dá para começar.
Não perca tempo por medo.
O Universo abre o caminho quando você começa a caminhar.

## APRENDA A COMPARTILHAR PARA CRESCER

Não tenhamos medo de compartilhar.
Não achemos que vamos perder o lugar no pódio, essa coisa irreal. Se alguém começar a imitar, veja como um elogio.
O que é seu, é seu. Que vira nosso.
Querer fazer o que o outro está fazendo é desgastante. A máscara cai. A verdade aparece.
E se a integridade estiver aí, é onde ela fica. E se reinventa.
E evolui de uma forma única, porque somos únicos.
Não há dois de um. Pode ser similar. Mas aquele rebolado é só seu. Do seu jeitinho.
Não copie; inspire-se, espalhe, deixe a alegria passar por você para chegar ao outro.

Passa por você. E cresce, e vai e volta em você, maior. Imensa.

Estamos na era do compartilhar. Perguntou, falou.

Não é para travar informação com medo de outra pessoa te copiar e você perder um lugar.

O que é seu é seu, e ninguém fará como você.

Estamos na era do compartilhar. Contar como foi, onde foi, quem foi. Passar contatos, entregar o ouro.

Estamos na era do compartilhar, ninguém é dono de nada, nem daquela brilhante ideia. Somos mais fortes juntos e só descobrimos o que é junto quando dividimos.

Desapegue do desejo por reconhecimento que a sua criança carente tanto quer. Você não descobriu a roda, relaxa. Chegou a hora, o tempo, a era de SER a roda. E fazer girar.

Com o maior prazer, entrego e entregarei meu ouro.

De coração.

Receba.

~

Luz é informação.

Luz é saber.

Luz é tomar consciência.

Quando enxergamos algo, estamos na Luz. Quando transmitimos um saber, entregamos Luz, estamos esclarecendo.

Por isso é tão importante não travar informações.

Para sermos Luz. Para a Luz chegar às pessoas e circular, combatendo o que fica à sombra.

Não tenhamos medo de compartilhar.

É preciso confiar nessa entrega e Ser Luz, compartilhando nossos saberes. Compartilhando nossa Luz.

## ESTAÇÕES DA ALMA

*"O correr da vida embrulha tudo. A vida é assim: esquenta e esfria, aperta e daí afrouxa, sossega e depois desinquieta. O que ela quer da gente é coragem."*

~ Guimarães Rosa

Entendi como ver os períodos de dor, crise ou mudanças significativas como *invernos*.

Somos natureza e, assim como as estações, nossas vidas passam por ciclos.

Não há como ser *verão* o tempo todo.

Mesmo despertos espiritualmente, pode acontecer de darmos uma de cigarra e deixarmos de lado o comprometimento com o espírito.

E qual o efeito disso?

A vida dá um sacode para lembrar o que realmente é importante.

A chave está em continuar conectado, trabalhando na evolução, mesmo quando tudo vai muito bem.

Porque quando o *inverno* chega, você se abala de outro jeito e tem as ferramentas e acessórios necessários para enfrentar o *frio*.

Felicidade não é ter uma vida perfeita e sim estar em paz mesmo quando é *inverno* lá fora.

~

O seu *verão* vai chegar, não tenha dúvida. Mas o importante é manter o que você está aprendendo durante o seu *inverno*.

Não seja cigarra. É para se divertir sim, mas mantenha a disciplina.

Porque o *inverno* sempre volta. Alguém parte, algo se rompe, se perde, termina. Não tem jeito.

É a impermanência que permeia tudo.

Mas, mantendo as ferramentas em dia, você pode estar equipado quando o *frio* chegar. Casaco, luva, gorro e até esquis. Te prometo que é possível esquiar no seu *inverno*. Já aconteceu comigo.

Depois de três anos de *primavera/verão*, veio o *inverno*, e eu *esquiei*.

Porque, pela primeira vez, não descansei durante as minhas estações luminosas e estava em dia com minhas ferramentas. Então vi o poder do caminho do autoconhecimento e da espiritualidade. Dei um salto quântico sem precisar entrar em sofrimento. Havia dor, mas transcendi, transmutei, *esquiei*.

Por isso eu digo de coração: aproveite o seu *inverno*.

Aprenda com ele.

Deixe o caminho ser apresentado.

E transcenda o sofrimento *esquiando* no seu *inverno*.

~

O que nos deixa confortáveis não tem o poder de nos despertar profundamente. Podemos, sim, apreciar e ter gratidão pelo momento de graça alcançada, mas sem desafios criamos raízes e letargia.

A terra treme e o caos chega porque ainda não sabemos aproveitar o despertar profundo apenas pela consciência. A vida espreme para usar o recurso que está em nós.

Eu sei, dá vontade de que seja *primavera/verão* o tempo todo.

Mas é no *inverno* da alma que conseguimos de fato nos recolher e mergulhar nas nossas profundezas.

E, quando a *primavera* ou *verão* chegar — porque sim, vai chegar —, não desafine. Siga em dia com suas práticas, com a disciplina espiritual que você está descobrindo no *inverno*.

E então, quando *esfriar*, você vai aproveitar para despertar profundamente sem entrar em desespero e sofrimento, sabendo no íntimo que esses momentos fazem parte da impermanência da vida e da evolução.

~

É importante acolher os momentos de inverno da alma, mas sempre com consciência de que tudo tem um "para quê". Analisando o para quê dos momentos de desafio conseguimos avançar nossas dores, sem entrar em sofrimento.

O *inverno* dura o tempo que permitimos.

Os finais de ciclo sempre vão acontecer, mas é nosso livre-arbítrio o tempo de cada etapa.

É preciso estar em movimento, mesmo que interno. Se recolher e intuir o que precisa ser feito, então colocar intenção na coragem para agir, fazendo as mudanças necessárias para sair do *inverno*.

Se permitir minguar, viver o luto com dignidade e então agir em direção à sua *primavera*.

A vida é cíclica, mas nós podemos colaborar com o tempo que vamos viver cada estação pessoal com integridade e consciência.

## A VERDADEIRA PAZ

Paz não é ter uma vida com tudo perfeito, isso não existe.

Nada permanece do mesmo jeito por muito tempo.

Paz é estar confortável mesmo quando um sentimento é desafiador para o corpo. É quando você acolhe e dá as boas-vindas para o que chega, seja o que for.

Não está ocorrendo como esperado? Acolhe. E acolher de verdade é não ter garantias, é um salto no abismo.

É a coragem de abraçar o que o Universo entrega para você.

É confiar na experiência.

É aceitar. De bom grado.

Estar aberto para o que chega é estar disponível para a vida.

~

Lembre-se agora de quando você se sentiu em paz.

Feche os olhos e sinta. Respire nesse lugar.

Perceba que é suave, tranquilo e muito agradável.

Por que esse estado nos escapa?

Por nos permitirmos abalar. Porque nos permitimos ser vulneráveis aos contratempos.

O caminho de evolução não está em ter uma vida impecável, e, sim, na forma como recebemos as vicissitudes do dia a dia. E, para construir esse lugar de equanimidade interna, é preciso dedicação. Entrega. E paciência consigo mesmo, com o próprio processo.

Porque é realmente um trabalho de formiguinha. Você se dedica ao silêncio todos os dias no tempo que pode e vai comprovando os benefícios. Às vezes pode cair no buraco, sim, mas acaba levantando mais rápido que antes e com consciência do porquê caiu. Pode vir a cair de novo, mas com ainda mais consciência; até que um dia desvia do buraco e não se abala, faz diferente, não reage e aciona a sua paz interna, evitando uma discussão, uma briga, um desamor.

Assim você se torna agente da paz. No micro, que é imenso no macro.

A guerra começa em nós.

A paz também.

Acolhendo os nossos conflitos internos, podemos conseguir ser agentes da verdadeira paz.

## O FLOW DA VIDA

*"Não existe um caminho para a felicidade.
A felicidade é o caminho."*
~ Thich Nhat Hanh

A vida é para ser prazerosa, divertida e fluida. Se não está sendo fluida, há algo desencaixado.

Então, intencione e peça por conexão.

Na sociedade, temos a crença do martírio, mas, na verdade, a vida é para ser cheia de milagres diários. Sim, nós precisamos dar os passos, caminhar, nos dedicar, mas não é para ser penoso ou um peso. Não é para arrastar correntes o caminho inteiro.

Você caminha e o que você precisa vai chegando. É para ser assim.

Não precisamos nos preocupar com o desfecho, com a conclusão. Só caminhar, com fé e confiança. Com a certeza da conexão e abundância. Com gratidão no coração.

Caminhe...

Mas lembre-se de que esses passos precisam ser em direção ao que faz seu coração vibrar, ao que te faz feliz. Mesmo que seja algo louco, que você precise de muita coragem para fazer mudanças. É importante não calcular se vai dar certo ou errado.

Coração vibrou?

Caminhe, dê o primeiro passo que o caminho vai se apresentando.

Um dia de cada vez, então você olha para trás e vê que construiu um castelo de fé.

~

Mas como exatamente confiar na vida?

Eu ainda me pego frustrada e até irritada às vezes, porque o que planejei não aconteceu.

Mas hoje fico contrariada com consciência. Viagens são boas situações para colocar a confiança em prática. Se não aconteceu como foi planejado, aceite, não era pra ser. Choveu, o lugar estava fechado, se machucou, se atrasou, não deu tempo... confie, não era para viver aquilo. E o plano B, se você permitir, pode ser mágico, bem mais interessante do que o plano original.

~

Existe uma ordem das coisas. Existe um porquê, mas talvez você entenda só lá na frente, não agora.

Então solte, não controle. Planeje, intencione, mas esteja aberto para o inesperado, o não pensado. Tenha espaço para o que não sabe. Determine acontecimentos, mas seja flexível para perceber o vento te levando para onde tem mais força, para terras não imaginadas.

Às vezes é preciso deixar estar que tudo se resolve por si só.

Mas é preciso que você esteja disponível. Ter o peito aberto para a vida permite que a mágica aconteça.

E cada dia é uma oportunidade para viver uma magia diferente.

~

Se começou a dar nó, a ficar difícil, necessitando esforço, questione.

Nos ensinaram que precisamos ralar muito para conquistar as coisas. Lutar. E isso ficou gravado em nossa mente. Mas chegou a hora de acreditarmos que podemos, sim, viver na fluidez e abundância! Atuar, planejar, fazer, tudo com alegria e plenitude. E tendo fé quando acontecer diferente do que imaginamos.

Parece utopia, mas não é.

Acredite.

Podemos viver dessa forma.

Se alinhe ao que diz seu coração, essa voz que fala baixinho aí dentro, e então o rio começará a correr naturalmente.

~

Ter disciplina é bom, fazer planejamentos e se organizar também. Mas não adianta nada se você quiser controlar, se quiser que as coisas aconteçam sempre do jeitinho que você pensou.

Abra espaço. Não se aborreça se não deu certo, se estava fechado, se choveu. Não era para ser.

Quando é para ser, acontece.

E quando não acontece, abrace o presente e se jogue no inesperado que está para chegar. Um salto no escuro pode ser uma surpresa linda. Presença total para viver o agora.

Não deixe ser piegas o "entrego, confio e agradeço". Preencha essas palavras.

E veja a vida se construir, se desenhar magicamente.

O que é seu chega até você.

~

A vida é uma celebração contínua das pequenas coisas, dos grandes momentos, de risos, do tilintar de copos e dos graves no aparelho de som. Fazer da vida uma festa em solitude, no silêncio interior

do quarto, passando pelo *lookão* com champanhe em boa companhia até os pés descalços no manto verde.
Fluir celebrante, onde for.
Daqui até lá.
A vida é para ser celebrada!

~

Sentir-se alinhado à vida é o maior presente que podemos ter.
Sentir o amor fluindo, as sincronicidades. Ver as portas se abrindo.
Temos a oportunidade de perceber a voz que fala baixo e faz o coração vibrar. Essa voz sempre une e nunca separa. Ela é um sim para o seu espírito, um sim para o seu Eu superior. Para o seu caminho.
Ela está aí o tempo todo.
Feche os olhos e escute.
Se deixe guiar.
O caminho é apresentado a todo momento, basta escutar.
Escute.

## A FÉ QUE NOS MOVE

*"Só se vê bem com o coração,
o essencial é invisível aos olhos."*
~ Antoine de Saint-Exupéry

Quando foi que ter fé se tornou algo menos importante? Quando foi que a mente começou a vencer? A psique. Esse hipervalorizado racional.

Hoje admiro o sábio, muito além do erudito. Palavras esclarecedoras me interessam mais do que as rebuscadas. As que falam direto ao coração. Um canal expresso e simples.

Não há como provar o que vem da fé. Mas está pulsando, imenso.

A caminhada se torna muito mais interessante.

~

Somos mais do que o nosso corpo físico, muito mais.

Somos mais do que nossos olhos podem enxergar ou nossa mente pode imaginar.

Somos o Universo inteiro.

Somos Natureza.

O verão, quando chega, dá vontade de expandir.

No inverno toda vida se concentra nas raízes.

Percebe?

As estações tem um porquê.

Tudo tem um porquê e para quê.
Estejamos em sintonia.
Na cadência do tempo.
Fluindo.
Entregar.
Para que controlar?
Não se canse.
Não resista.
Flutue.
Como o vento.
Está tudo a nossa disposição.
O que é nosso nos alcança.
No momento adequado.
Confie.
Renda-se.
Já está.

~

O medo afoga o amor, abafa, embaraça.
Abre portas para mil nós atados que te levam para a mentirosa mente que divaga.
Perceba a delícia do Estar.
O presente é potência.
Por que não confiar?
De verdade.
O que é seu é seu.
Está destinado a te encontrar.
Essa sensação de relaxamento interno te leva além.
Pode acreditar.
Existe um ritmo íntimo que não é o da corrida de ratos da matrix.

Sente esse pulsar.
Está aí a verdade.

~

Temos toda uma torcida universal por nós. Para que a gente entre no prumo, acerte o caminho. Há toda uma orquestra para nos ajudar: anjos, mestres, guias, mentores.

Mas também existe a lei do livre-arbítrio, que nos dá a liberdade de caminhar como quisermos.

Eles respeitam nossas escolhas e só intervêm se permitirmos.
Então ordene!
Conecte-se!
Invoque!
Chame por eles!
E nunca mais ande só.

~

A fé pode ser julgada como algo ligado a religiões fanáticas.

Existe essa crença, mesmo que inconsciente, debaixo dos panos, latente na sociedade. Uma manipulação para sermos racionais, valorizando mais o que é provado. O ver para crer.

Mas a fé está sempre à frente. Você sente e já sabe. Você não vê, mas acredita com todo o coração porque ficou mais leve. Porque a vida fluiu. Porque trouxe a paz de espírito.

Então, com o tempo, comprovam, aceitam.

Mas a fé já vai estar em outro lugar, anos-luz avante. Cavalgando sem o medo, vivendo por meio da confiança, dos milagres. Experienciando um mundo paralelo.

Porque a fé nos leva além. Para além do que nos limita. Para além do que nos desempodera.

Um portal para uma existência em que você sabe que ser feliz é possível.
E que existe.
Sim.
Existe.

∼

Tudo na vida pode se tornar mágica. A forma como você se veste, como fala, como sorri. A forma como escuta. Como dança, como toma o seu chá, como prepara a comida, como faz a mesa.
A forma como se movimenta, como penteia os cabelos, como toma o seu banho, como olha ao redor.
A forma como acorda, como vai se deitar.
É você quem decide viver a mágica.
É você quem decide fazer a vida ser mágica.
Escolhendo a magia, a magia te escolhe.

∼

Ver mágica na vida faz a vida ser mágica com você.
Trilhar os sonhos, a verdade do coração, encontrar almas cintilantes que estão no caminho da evolução. Fazer novos amigos. Sentir a alma dançar.
Viver em conexão com o coração. Com os passos guiados no silêncio, que te levam para os tijolos dourados, seguindo um caminho que só podemos fazer com as próprias pernas.
Único.
Individual, mas cheio de encontros maravilhosos pela estrada.
Em companhia é muito mais interessante e divertido.

∼

A força luminosa do Universo fala com a gente não por vozes do além, mas por sincronicidades, pessoas, silêncio meditativo.

Estar atento aos sinais faz a gente seguir os tijolos dourados.

Quanto mais sincronicidades, mais sabemos e sentimos que o caminho é mesmo por ali.

~

Definitivamente a vida com fé é outra, completamente diferente. Fé se constrói, se alimenta, se vive. Andar com fé é ter confiança no que está.

É caminhar com a magia da vida.

Te desejo fé.

## VIVER EM LIBERDADE

*"Pouco importa o julgamento dos outros. Os seres humanos são tão contraditórios que é impossível atender às suas demandas para satisfazê-las. Tenha em mente simplesmente ser autêntico e verdadeiro."*

~ Dalai Lama

A todo tempo, somos bombardeados por ideias, opiniões e informações de como devemos viver a nossa vida. No entanto, ninguém além de nós ocupa nosso corpo e conhece nossas questões mais profundas. Ninguém sabe melhor que nós os anseios de nossa alma.

As pessoas podem inspirar, aconselhar e sugerir ideias que podemos ressoar ou não.

Acredito em alimentar diariamente a conexão interna para perceber cada vez mais as escolhas que deixam o coração em paz. Ser o próprio mestre exige constância diária para construir esse elo de confiança em si mesmo.

Confie no que te faz pulsar.

Confie em você.

É possível se tornar mestre da própria vida.

~

Precisamos definitivamente aprender a nos conectar sozinhos. A nos tornarmos nosso próprio guru.

Podemos nos inspirar em pessoas e usufruir de terapias, mas sem transferir a responsabilidade de nossa fé para alguém. Nós somos o maior canal com o divino e precisamos aprender a acessá-lo sem intermediários.

Tenho alguns mestres que me inspiram muito, alguns iluminados, outros com a consciência bastante expandida, como Jesus, Buda, Krishnamurti, Sri Prem Baba, Mooji, Dalai Lama, Thich Nhat Hanh, Rumi e Ram Dass. Alguns desencarnaram e outros estão aqui e podem passar por desafios no alinhamento com a verdade. Acredito que esses desafios vêm nos mostrar que precisamos fortalecer nossa prática individual e também que é chegada a hora de sair do pedestal. Somos todos iguais. Estamos vivendo capítulos diferentes do livro da evolução, mas se estamos encarnados aqui, ainda temos lições para viver e, dependendo de como agirmos, podemos ser um bonito exemplo de superação. A jornada é intensa e às vezes tortuosa; por isso, sejamos gentis com o processo dos outros. Pode ser você a pegar a próxima curva.

~

Quando você mantém uma rotina de conexão diária consigo mesmo, cria uma autoconfiança inabalável. Uma certeza dos passos e dos atos.

Porque todos os dias você mesmo vai se observar. Vai sentar, fechar os olhos e sentir por si mesmo.

Ninguém pode fazer isso por você. Essa ação diária é sua e só sua.

E é essa dedicação nos bastidores que te coloca no brilho da sua existência.

Com coragem e paciência para construir a sua história. Com autenticidade porque você se escuta. Confirme sempre dentro de você se suas inspirações ainda causam ressonância e validação.

Não deixe de se encontrar consigo mesmo todos os dias.

Essa é sua maior fonte de terapia, análise, empoderamento e confiança.

Crie um relacionamento leal consigo mesmo e seja livre.

~

Em um segundo, tudo pode mudar.

Com uma escolha, podemos nos afastar ou nos aproximar do nosso destino.

Esquerda ou direita? Esperar ou agir? Como saber tomar tantas decisões importantes?

Percebo que vale muito conversar com alguém que sabemos que nos ama, fazer terapias e coisas parecidas. Mas pode acontecer de termos que tomar uma decisão corriqueira e que será fundamental para nos levar ao caminho do destino.

Por isso acredito tanto no silêncio, na meditação, no encontro consigo mesmo. Assim abrimos espaço para ouvir o novo, o nunca escutado antes ou o que precisamos relembrar.

Está tudo aí, é só acessar.

E, para acessar, é preciso saber ficar em sua própria companhia, saber perceber os sinais e seguir, mesmo que faça sentido apenas para você.

~

Está mais do que na hora de ser quem se é. Sem medo de ser julgado, de decepcionar, de não agradar.

A felicidade é maravilhosa demais para ser morna. Se você está no morno, acredite, você pode mais. Pode sentir dor no peito de tanta alegria de viver.

É para isso que estamos aqui, para transbordar de amor. E na mentira não dá para esquentar nem sentir essa alegria imensa.

Ela existe, você sabe.

É só quando nos libertamos da plateia que podemos, de fato, voar.

E está mais do que na hora de voar alto. Flutuar. Flutue.

~

Pare tudo.
Agora.
E respire.

"*Ah, que baboseira! Que hippie. Que diquinha de livro de autoajuda.*"
Sério?
Sério mesmo?

Perceba o que você sente quando fecha os olhos e respira profundamente.
O Real.
O agora.
Vá até lá.
Sinta a experiência.

Não quero ter razão.
Não sei de nada.
Só perceba por si mesmo.

Está tudo aí.
Pode parecer que as coisas estão de cabeça para baixo, mas o que você precisa está em você.
Dentro.

Mesmo alguém que te ama muito não tem como saber o Seu caminho.

Faz ou não faz?
Vou ou não vou?

Tudo bem pedir opinião, mas só você sabe
o que te faz vibrar alto
o que faz sua alma dançar.

Esse é o único caminho possível:
O encontro consigo mesmo.

A partir desse lugar, tudo acontece.
Não acredita?
Experimente.
Feche os olhos e sinta.
Deixe vir.

Diariamente.
Por minutos que seja.
Mas não passe um dia sem se encontrar consigo mesmo.

É o encontro mais importante de nossas vidas.

~

Nosso tempo é agora. Não postergue mais nada!
 Está mais do que na hora de fazer a roda girar. De colocar a mão na massa, sem medo de fazer diferente, sem medo de viver a sua verdade.
 Ainda há muitas pessoas procrastinando os ajustes necessários e levando puxão de orelha da vida, porque não dá mais para fingir que não está vendo. Isso é um sinal do Universo para acordar! Se movimente para o que você já sabe que precisa mudar.
 Comece com o que dá.

Mas comece!

E aos poucos veja sua vida se transformar com a fluidez dos fatos e o alinhamento dos encontros.

Faça por onde e faça hoje.

~

O seu sonho chegou.

Você está morando onde sempre quis.

Está grávida.

Conquistou o primeiro milhão.

Encontrou o amor da vida.

Está com o check-up em dia, a saúde tinindo.

Seu sonho chegou.

Mas você não está aproveitando porque está angustiada com o que vem adiante.

Seu sonho está aí, mas você só vê a falta.

Precisamos de tempo e respiro para viver nossos sonhos. A colheita chega, mas aí já estamos ocupados demais com a próxima semeadura.

Assim como a Lua, precisamos aprender o tempo de ação, de recolhimento e de ser cheia. De resplandecer.

A vida é para ser saboreada.

Seu sonho chegou.

Você está aproveitando?

~

Estar presente é estar inteiro na ação.

É um exercício imenso manter-se presente. Acontece quando nossa mente acompanha o corpo. Lavar as mãos sentindo a água em vez de pensar no próximo movimento. Andar na rua beijando o chão com os pés, percebendo o que se passa ao redor em vez de estar com a cara enfiada no celular, prestes a dar de cara com um poste, ou com a cabeça a mil trezentos e setenta volts e lá vai caraminholas. Sentar em frente a alguém e olhar nos olhos, ouvir, escutar, por inteiro, sem formular mentalmente a réplica. Quando estamos presentes, não nos machucamos nem perdemos nossas coisas. Isso só acontece quando a mente está em outro lugar que não acompanhando o corpo.

Quando estamos ocupando nosso veículo, vivemos mais plena e intensamente.

A felicidade visita e faz festa.

~

A Arte nasce do encontro com o silêncio, lugar onde nosso Eu superior consegue falar. É uma fagulha do Divino que nos faz sentir algo de que as palavras não dão conta.

Materializar essa fala é fazer Arte.

Quando vemos um quadro, uma música, uma peça de teatro, uma cena de um filme, um trecho de um livro e somos arrebatados por sabe-se lá o quê, é quando o canal aconteceu.

Foi quando o artista se permitiu ser guiado por sua intuição.

A Arte nos aproxima do Grande Mistério.

~

Por mais especial, memorável, histórico, lindo, inesquecível que seja, não se apegue... tudo, absolutamente tudo é impermanente.

Tudo se transforma, e nós também. Não adianta ficar se agarrando ao que já foi. Às vezes algumas pessoas precisam ir e outras chegar, e esse movimento tem um porquê.

Só que a gente muitas vezes não confia e fica insistindo no antigo. Ali onde não tem eco. Ali onde não tem mais alimento nem solo fértil.

Algumas pessoas podem ter sido importantes em um momento de nossas vidas e tudo bem agora não serem mais, essa percepção não precisa passar pelo conflito. O afastamento pode acontecer naturalmente.

Sem esforço, você olha em volta, o cenário e as personagens mudaram, suas vontades são outras e aquela música nunca mais tocou.

É isso, uma nova pele mais uma vez.

Se a gente permite, veste bem que é uma beleza.

~

Não se afobe, não, que tudo é processo.

É construção. Atalhos não montam estruturas sólidas. Precisamos trilhar o caminho das pedras. Ainda não inventaram pílulas mágicas nem máquinas aceleradoras do tempo. É aqui que se vive e é aqui onde algo pode ser feito.

Agora. Desde já.

É preciso paciência para alcançar esse futuro da linha de chegada. Quando você estiver lá, já vai querer viver em outro lugar, compreende? Então trate de curtir a paisagem da jornada. Aperte o cinto, solte os cabelos, sinta o vento. O tempo. Troque a música. Fluida.

Siga.

Sinta a água entre os dedos, o gosto do chá, a temperatura do ar, o cheiro da terra molhada. O toque. O gosto. A boca.

Tudo explode em dança aqui e agora, para sempre.

Eternamente presente.

Inteira.

Derradeira.

Festeira.

Um sim para a grande teia.

Dentro.

De novo.
Repete.
Tudo vale.
Valeu.

~

Tudo é processo.

Frequentemente não conseguimos entender o porquê de uma situação que está acontecendo no presente, mas quando o tempo passa, percebemos que era exatamente o que precisávamos viver.

Em alguns momentos, a nossa vida parece uma novela cheia de dramalhões, às vezes, um roteiro profundo do Bergman e, às vezes, nenhum roteirista chegaria perto de tal êxito!

Não temos que entender nada!

A boa é pegar a pipoca e se esbaldar com o que está acontecendo. Viver o presente com intensidade e integridade. Ser protagonista da própria vida.

E ganhar o Oscar quando as cortinas se fecharem.

~

O Universo orquestra criando memórias mágicas quando tudo está como deve ser.

Vivemos o paraíso aqui e agora, nos pequenos grandes momentos, com todas as imperfeiçõezinhas que podem existir.

Quando o amor te toca, você sente algo gigante.

Dá pra saber.

A alma dança.
Os sinos soam.
O tempo anda em outro ritmo.

Eu acredito nesse mundo do afeto.

Cuidando e cativando quem amamos, ficamos imensos.

É para aproveitar cada segundo e se dedicar a amar muito quem está ao nosso lado.

~

Ser livre é não temer a dor. É saber que há inquietações na mente, mas que é possível não embarcar em devaneios.

Ser livre é se manter como testemunha consciente das sensações que nos atravessam.

Ser livre é caminhar com coragem sem precisar criar fortalezas, porque não há o que ser atacado.

Ser livre é viver coerente com o seu sentir.

Não importa o que dizem, o que está escrito, o que todos fazem, você sente e só segue porque Sabe que é para ser.

Ser livre é perceber que o seu sentir é soberano.

# PARTE IV

## MUDE E TUDO SE TRANSFORMARÁ AO SEU REDOR

*"Você é o que você faz, não o que você diz que vai fazer."*
~ Carl Jung

É preciso mudar.
Desde a absurda desigualdade social, passando pelo ensino escolar, pela indústria alimentícia, farmacêutica e bélica até a consciência individual.

*Nós* precisamos mudar. E essa mudança não ocorre da noite para o dia.

Para o novo surgir, precisamos desapegar do que já existe. É preciso trocar de pele. É preciso deixar ruir as estruturas que não funcionam.

E é o que está acontecendo.

O caos, as mazelas, o alerta vermelho são para mostrar que deste jeito não está funcionando. O interessante é mudar as lentes e entender que a confusão faz parte do caminho. E que vai ser necessário um tempo para tudo se reorganizar.

É importante respirar e cuidar de si para se manter são e com a energia elevada enquanto essa transformação acontece. Estar mal e reclamar não soma. Ou faz parte do seu propósito atuar em alguma das áreas em conflito, e você vai lá e coloca a mão na massa, ou cuida da própria vida sendo um ser humano digno na Terra, o que já vai ajudar muito.

É preciso confiar no plano divino. Entender que nada é aleatório não pode ser só da boca para fora. Entenda que tudo tem um porquê. Agir no pequeno é agir no macro. Se cuidando, se amando para estar bem quando se caminha por aí e encontra alguma pessoa precisando de ajuda, seja um amigo ou um estranho.

Quando estamos mal, não conseguimos estender a mão.

Imagina ajudar o planeta?!

Então é para se cuidar muito, se amar muito, no dia a dia, na rotina, no pequeno.

Aí, quando você se der conta, vai se perceber transbordando benesses ao mundo.

~

A Era de Aquário não vai surgir do nada.

Assim como a noite não vira dia em um piscar de olhos e é preciso o crepúsculo para fazer essa transição, da mesma forma é com a gente: não mudamos do dia para noite, precisamos de adaptações.

Elas vêm a partir da tomada de consciência, percebendo que não dá mais para seguir com o que fazíamos normalmente. Quem vai construir a tão famosa Nova Era somos nós.

Com novas escolhas, no dia a dia, desde o minuto em que acordamos. Mudamos a história com a escolha do que vestimos, comemos, pensamos, de como agimos com nós mesmos e com cada pessoa que atravessa o nosso caminho. Essa nova forma de pensar, de agir, de escolher, essa nova consciência, reflete no sistema como um todo.

Quando a consciência muda, a matéria muda.

Quando despertamos para o diferente, o antigo fica para trás.

Escolhendo mais do mesmo, teremos mais do mesmo. Mas ao se fazer escolhas que não se faziam antes, em todas as esferas da vida, enxergamos resultados que não tínhamos antes.

Essa nova forma de pensar, de agir, de escolher, essa nova consciência, reflete no sistema como um todo, a ponto de chegar à grande política.

O velho mundo está por um fio.

~

O mal vence quando nos separamos, quando nos dividimos em lados opostos.

Nossa visão binária e densa insiste em nos olhar como diferentes. Nossa história insiste em nos lembrar dessas diferenças.

Mas estamos em um novo tempo, em que as amarguras e os rancores precisam ficar para trás para conseguirmos avançar. Precisamos nos unir a favor de algo e contra nada.

Existe uma sabedoria quântica nisso. Sejamos sábios e exaltemos o que queremos ver crescer.

Precisamos nos unir a favor da elevação de consciência e parar de discutir sobre lados.

Sei que ainda há muita amargura, raiva, dor ancestral.

Mas não será por meio desses sentimentos que veremos avanço permanente. Precisamos aceitar o passado, perdoar a nossa história.

Não é uma questão de escolher lados, mas, se alguém acredita ser esse o caso, que haja compaixão com quem não enxerga e que façamos o nosso em amor puro. Primeiro consigo mesmo, sempre.

A dedicação diária consigo é o essencial para se ter sanidade para agir por meio da essência e do coração limpo. Certamente há pessoas com desafios maiores, dores maiores, raivas maiores, traumas ou rancores históricos; então é papel de quem veio com facilidades compreender e acolher.

Não julguemos nossos irmãos que ferem por estarem em dor. Que haja união, mesmo que seja na compaixão e compreensão a distância. A energia com que olhamos o próximo é o que importa, esse julgamento tem peso em ouro. Que tenhamos sabedoria para lidar com esses sentimentos para compreender como agir na matéria.

A união começa com o julgamento que deixamos de fazer em pensamentos e conversas corriqueiras.

Que haja consciência.

Que haja evolução.

~

Honra.

Algo que era muito valioso na época medieval e que hoje parece não ter tanto valor. Talvez porque, para se manter a honra, muitas vezes é preciso abrir mão de alguma posição, status ou fama.

É necessário muita coragem e humildade para ser verdadeiramente honrado, porque honra não é algo imediato, mas, sim, construído. E é possível perdê-la por causa de uma única decisão.

A palavra de uma pessoa honrada tem valor porque é ponta firme. Falou, está falado, será cumprido e você sabe.

E quanto vale isso?

Toda uma vida, toda uma história.

Muitas atitudes, que não precisam ser sempre certas — aliás, o que é certo?

Mas, sim, serão atitudes reconhecidas, retratadas se necessário. Em que não haverá pendências, pontas soltas, deixando a consciência leve e o coração, tranquilo.

~

Não é fácil reconhecer os próprios defeitos. Se enxergar feio. A gente foge disso o tempo todo. Lembra? Já falamos sobre isso.

Mas esse é o primeiro passo para a nossa evolução. Enxergar o desequilíbrio.

Novamente citando Rumi: "É pela ferida que a luz entra."

Para se tornar mais doce, é preciso ver onde está a amargura. Para vida ser mais leve, é preciso reconhecer o rabugento e reclamão que habita em você. Para ser abundante, é preciso ver onde falta generosidade.

E por aí vai...

Conhecer as próprias sombras, a sua maldade. Sair do lugar de vítima. Parar de apontar o dedo. Olhar o espelho.

Ver o buraco, mesmo que se caia inúmeras vezes.

Uma hora vai ser possível desviar, mas para isso a luz da consciência precisa estar acesa.

Ser Luz para iluminar.

~

Qual máscara você veste por aí?

Quem é você quando ninguém está olhando?

Quais são seus amortecedores?

Suas muletas de fuga?

Quem é você debaixo dessa fantasia?

Quais são seus monstros?

Seus medos?

Seus micos?

Abrace suas sombras, sua verdade, sua essência, e se liberte do ego e do julgamento alheio.

~

Quando você vai expandindo a consciência, dá para perceber o instante em que um comportamento prejudicial vai se repetir.

Atualmente, tenho conseguido escolher outra opção e ver que, ufa!, evoluí.

Parece que o tempo congela e posso fazer diferente. Posso escolher fazer diferente de como sempre fiz. E que maravilhoso agir de outro jeito, o que muitas vezes me leva a lugares mais elevados.

Mas às vezes ainda tropeço e caio no buraco. E assim que caio, já sei que estou lá. Baita preguiça que dá de mim mesma, mas logo depois procuro ficar felizinha porque ao menos estou vendo o buraco, né? Não fico me enganando, jogando para debaixo do tapete ou colocando a culpa no outro.

Tudo é processo nessa vida de autoconhecimento. E segue o baile, porque estamos aqui para isso.

Para evoluir enquanto se passeia neste mundo de devaneios e encantos.

∼

Quando vamos a um retiro, somos lembrados do estado de conexão, bem-estar e equilíbrio, e é possível vivenciá-lo por uns dias. Porém muita gente não consegue manter isso quando volta para casa e se desconecta.

Aprendi que a vida só muda quando mudamos nossos hábitos, atitudes e comportamentos. E a velocidade da evolução tem a ver com essa dedicação e comprometimento diários. Essa é a palavra: comprometimento.

É preciso aprender a se comprometer com a própria evolução. Se dedicar a fazer diferente, perseverar, ter disciplina.

O ditado "o hábito faz o monge" nos ensina que é, sim, no dia a dia que construímos nossa evolução espiritual. Pode parecer chato e, *ai, que preguiça da disciplina*, mas desculpe, agora o despertador está tocando alto e não vai parar.

O acréscimo acabou.

Precisamos fazer as mudanças necessárias para a Nova Era de fato acontecer e a gente conseguir estar em equilíbrio, vivendo bem, senão o desconforto vai continuar, porque a evolução é sim ou sim. Podemos crescer pela consciência ou pela dor, na marra.

A escolha é nossa.

Comprometa-se consigo mesmo.

Seja fiel às suas mudanças, à sua jornada e veja sua vida fluir com essa energia disponível de transformação. E, então, sinta um novo ano, uma Nova Era, um novo mundo de fato chegar.

~

Desapego.
   Soltar.
   Entregar.
   Deixar ir.
   Deixar partir.
   Fluir.
   Viver no presente.
   Sem o peso do passado,
   sem expectativas para o futuro.
   Saber de nossa finitude.
   Saber que somos passageiros.
   Sem posses.
   Sem medo.
   Sem culpa.

## AJA DE FORMA CONSCIENTE

Somos o que consumimos. Sua compra tem o poder de endossar um sistema.

Toda vez que usamos nosso dinheiro, fazemos uma escolha. Toda vez que usamos nosso dinheiro, estamos investindo nossa energia. Porque dinheiro é energia. É a personificação do tempo e da dedicação que demos em nossos trabalhos. Quando pagamos por algo, é nossa energia que entregamos — é um investimento.

Temos, então, um poder em nossas mãos: escolher. Podemos dar valor ao produto que escolhemos, endossar esse lugar, esse conceito. Dar voz, suporte. Por isso é tão importante pensar para onde vai esse voto. O que você quer endossar?

Mesmo inconscientemente, ao comprarmos algo, estamos dando suporte para toda a história que está envolvida com o produto. Não compramos apenas coisas, mas, sim, a história delas. Compramos a história de como foram produzidas. Elas, então, deixam de ser apenas coisas, de ser matéria, e viram algo muito maior. Torna-se um sistema. Qual o sistema que você quer fortalecer com a sua energia? Com o seu tempo? Com o seu dinheiro? Estamos cada vez mais conscientes disso e, por consequência, as empresas também. A demanda está indo por esse caminho, então as empresas precisam olhar para a história das coisas. Para o propósito delas.

Com a consciência cada vez mais expandida, muitas pessoas estão se tornando empreendedores que produzem com propósito, com essência, com alma. E estão ganhando o olhar do consumidor que se importa com isso, que vem se tornando maioria. Então as empresas que não se importavam com os porquês estão perdendo voz e precisando se reestruturar. Apenas vender está ficando visivelmente vazio. É preciso entregar a história por trás. É preciso entregar experiência. Os "comos" e os "porquês".

Sim, ainda existem muitas compras e vendas baseadas no desejo imediato, no fugaz, na mentira. Mas o despertador está tocando alto e não há como ignorar. Queremos saber os ingredientes, a origem, a cadeia, a forma como aquilo chegou à prateleira. O processo. O que foi usado. Quem fez e como fez. De onde vem. Quanto de fato valeu o show para saber se dou minha preciosa energia, meu voto, minha voz. A cada centavo, estou fazendo escolha. A cada peça de roupa ou comida no prato, minha energia está presente. E, quanto mais poder de escolha, maior é a responsabilidade. Já que muitos não podem escolher, porque precisam sobreviver e o que se ganha mal dá para isso, o papel de quem tem a consciência ou maior poder de escolha é dar voz para sistemas que se importam com cada detalhe, com a experiência, com o todo, com a evolução.

Estamos cada vez mais enxergando para além das coisas. Estamos cada vez mais conscientes desse poder que temos em mãos. Um grande poder de mudança. Onde colocamos o nosso dinheiro é onde cresce. A cada compra estamos fazendo uma conexão. Estamos ajudando a escrever uma história. E o que você quer ver crescer? Qual história quer ajudar a contar? Com o que quer se conectar? Com quais valores? Com quais porquês?

Nos tornamos o que consumimos. A cada consumo, ajudamos a fazer crescer as nossas escolhas. A cada consumo, ajudamos a construir um novo mundo para viver.

## AÇÕES PRÁTICAS

*"Nós somos aquilo que fazemos repetidamente. Excelência, portanto, não é um ato, mas sim um hábito."*

~ Aristóteles

O que você faz diariamente para se conectar com a sua essência, com a sua verdade interior? Para se ligar com esse lugar que te purifica e te energiza?

Para nós que moramos nas grandes cidades, a disciplina se faz necessária para alcançar esses objetivos, algo que se encaixe na rotina corrida do cotidiano. Um ritual que se torna sagrado, seja qual for: o silêncio, uma prece, uma meditação, uma dança, uma fé... Qualquer coisa que traga conexão. Que te faça desacelerar e estar ali, presente, por inteiro.

Arrisco dizer, algo que seja solitário e, idealmente, diário. Não dá para ficar à mercê das circunstâncias, de um banho de mar aqui ou uma meditação acolá. Por isso a disciplina é importante — é preciso uma prática diária que te faça sentir como se tivesse passado o dia no campo ou dado um mergulho no mar, algo que te permita.

Não é perda de tempo parar para se conectar por alguns minutos. Ganha-se uma vida inteira.

Nós somos nosso próprio mestre, podemos escolher a energia que levamos por aí. São nossos esforços e nossa dedicação nos bastidores, quando estamos sozinhos, que nos colocam na Luz. É na individualidade e no próprio silêncio que subimos os degraus.

A seguir, compartilho algumas das práticas que me ajudam ou já me ajudaram em algum momento, para que você possa trilhar o caminho em direção a conexão interior.

**PRIMEIRO GRUPO:** CONECTE-SE CONSIGO MESMO

USE SUA ROTINA AO SEU FAVOR

A forma como começamos o dia dá o tom do dia.

O que fazemos assim que acordamos pode influenciar muito na energia e vibração diárias. Cada dia é uma folha em branco, um renascer, uma nova chance de ser a nossa melhor versão.

Ter uma rotina de cuidados ancorada te ajuda a ter alicerces firmes para quando os mares estão turbulentos, para se prevenir quando o inverno da alma bate à porta. Você pode acordar virado do avesso, mas tudo vai estar tão enraizado que você vai realizando cada etapa e dando *reboot* no sistema.

Quando se dá conta, já está se sentindo muito melhor.

Se você ainda não tem uma rotina de autocuidado ancorada, calma e paciência com o seu momento. Segundo alguns estudos, demoramos em média vinte e um dias para criar um novo hábito, então vá implementando um hábito por vez, aos poucos. E, a cada novo hábito, com tranquilidade, passo a passo, sua rotininha de amor-próprio vai se criando.

Vale muito a pena.

Porque o "inverno" sempre chega, o mar não é sempre calmaria, então é preciso estar preparado.

Dê o primeiro passo.

Comece!

## ESTEJA PRESENTE

No presente não há paranoia. Ficar com a cabeça sempre no futuro pode causar ansiedade, e sempre no passado, depressão.
    Respire.
    Inspire, expire.
    Sinta o agora.
    Olhe para suas mãos antes de sua mente mudá-las de lugar.
    O que suas mãos estão fazendo?
    Volte para o corpo.
    Ocupe seu corpo.
    Sinta os pés no chão.
    Sinta seu coração bater.
    Sinta.

## TERAPIA E ESPIRITUALIDADE

Como começar o processo de autoconhecimento? Eu acredito muito na união da terapia com a meditação. Vivencio esse combo há anos e percebo em mim a qualidade dessa união.

Mesmo quando a vida está às mil maravilhas, a terapia continua importante para investigar comportamentos atuais e o maior tesouro para o autoconhecimento: o período da infância. Ao compreender de onde vêm nossos comportamentos, podemos aprender a antecipá-los e mudá-los. Apesar disso, sinto que apenas o verbo não dá conta de nossa complexidade e profundidade.

No silêncio, encontramos respostas únicas. E, ao levar insights para a conversa terapêutica, temos ajuda para transformar as revelações interiores em ferramentas, facilitando ancorar o que descobrimos no silêncio.

## RETIROS

Existe uma imensa potência em fazer um retiro para quem quer expandir a consciência, evoluir, mas mora nas grandes cidades.

Para quem mora nos centros urbanos e gosta de se manter conectado com as energias sutis, e consciente dos truques da mente e do ego, acredito que seja fundamental realizar a meditação diária e fazer retiros de tempos em tempos para se auto-observar e se conhecer melhor. Porque, na correria do dia a dia, acabamos sendo engolidos pelos afazeres, pela mente ativa, ficamos sobrecarregados demais para a terapia semanal dar conta de tanta interferência.

Os retiros entram aqui como uma maneira de conseguir parar e focar o presente, se reconectar consigo mesmo e com suas forças.

Existem diversos tipos de retiros hoje em dia, com certeza há algum que se encaixe para cada um de nós. Depois de experimentar pela primeira vez, o portal se abre e o coração volta e meia pede para estar um tempo a mais com você.

Esse mergulho ajuda muito na jornada de evolução.

## FORMAS FÁCEIS DE SE CONECTAR DURANTE UMA VIAGEM

O desafio para manter uma rotina espiritual durante viagens é maior do que em seu cotidiano, em casa. O que faço para poder me conectar rapidamente com as altas vibrações é sentir com força o que está acontecendo no presente e agradecer. Não pensar no que vou fazer depois nem no que aconteceu há pouco; sentir de verdade o que acontece no agora.

Respirar fundo, olhar nos olhos de quem está comigo, perceber os arredores e agradecer.

Chamo de "nave da gratidão".

A conexão é feita na hora.

Também é interessante usar as frequências de Solfeggio com fones de ouvido, silenciar e fechar os olhos por ao menos cinco minutos por dia.

## HO'OPONOPONO

Se você está com um nó com alguém, seja um bem pequeno, mas que incomoda, ou um nó gigante que te faz sofrer à beça, Ho'oponopono pode ajudar.

Essa meditação havaiana faz liberar a energia estagnada, abrindo espaço para o amor. Quando estamos com essas travas, o perdão pode acontecer no campo espiritual, não precisa ser diretamente com quem estamos em desafio.

É só imaginar a pessoa ou a situação e dizer repetidamente as frases:

Eu te amo
Sinto muito
Me perdoa
Obrigado

## INTERROMPA SEUS PENSAMENTOS NEGATIVOS

O medo é uma ruela escura em que, quando se entra, se embrenha. Você começa a andar por pensamentos obscuros e pode não conseguir saber mais o caminho de volta para a estrada luminosa da vida. Por isso é preciso interromper na hora quando perceber que está criando pensamentos de medo.

Nós criamos nossa realidade. É quântico. Nossos pensamentos vão desenhando o futuro. Então, é de fato um exercício interromper na tela mental os pensamentos negativos. Explodir esses pensamentos mentalmente quantas vezes forem necessárias.

O interessante é mudar a vibração.
Com a imaginação ou alguma ação.
Se visualize em um lugar que seja agradável para você, substituindo o pensamento desagradável, coloque uma música de alta frequência que te eleva ou leia mensagens otimistas.
Podemos tomar as rédeas de cocriadores.
Nós criamos a nossa realidade.
Temos essa autoridade.

## AYURVEDA

Sou filha de médicos alopatas, respeito a medicina ocidental, mas a medicina Ayurvédica é fascinante. Ela nos trata como seres integrais e considera que a doença começa muito antes de o sintoma ser percebido.

Para isso, precisamos conhecer nosso corpo, que é composto pelos cinco elementos da natureza, fogo, água, ar, terra e éter. Existe a predominância de alguns deles, que são os que formam os *Doshas* (humores): *Vata* (ar+éter), *Pitta* (fogo+água) e *Kapha* (terra+água). Ao conhecer nosso *Dosha*, podemos nos equilibrar através da alimentação, dos hábitos e de terapias, além de conseguir perceber quando estamos desequilibrados.

## OIL PULLING

Aprendi essa maravilha com a Ayurveda e faço desde 2015, todos os dias.

Assim que acordar, em jejum, antes mesmo de beber água, bocheche por quinze a vinte minutos uma colher de sopa de óleo de coco orgânico (precisa ser orgânico) ou óleo de gergelim prensado a frio. Depois, descarte no lixo para não contaminar o sistema hidráulico com óleo.

Parece muito tempo, mas não é. Cheque e-mail, Instagram, troque de roupa ou leia, tudo bochechando, dessa forma vai passar rápido!

E os benefícios são muitos: higiene bucal perfeita, hálito cheiroso, clareamento dos dentes, desintoxicação do sangue e dos órgãos, melhora da dor de cabeça, redução da ressaca (confirmo na prática que o benefício não é apenas a higiene bucal), diminuição da insônia, redução do colesterol ruim e muitos outros.

A medicina Ayurvédica alega que bochechar o óleo na boca ativa enzimas e tira as toxinas do sangue.

Eu não vivo mais sem esse hábito.

Experimente se dedicando por vinte e um dias e perceba por si mesmo.

# TEMPO PARA NÃO-AÇÃO OU A FAMOSA (E TEMIDA) MEDITAÇÃO

*"Meditar se trata simplesmente de sentar-se silenciosamente, observando os pensamentos passando por você. Apenas assistir, não interferindo, sem julgar. Porque no momento em que você julga, perde a observação pura. No momento em que você diz 'isso é bom, isso é ruim', embarcou no pensamento."*

~ Osho

Em tempos de tantas opiniões, certezas e papagaios, o silêncio é um oásis onde encontramos a nossa verdade. Há um lugar interno onde estamos constantemente em paz, porém a psique insiste em nos jogar iscas constantes para nos tirar desse estado de presença e plenitude. Saber o caminho para o porto seguro interno acontece pela testemunha consciente.

E a meditação é a chave mestra para perceber os truques de nossa mente.

Imagine um telefone que você pode usar toda vez que tem uma dúvida, toda vez que não sabe se diz sim ou não, se vai para a esquerda ou a direita. Você faz a ligação e recebe a resposta.

Essa é uma das benesses da meditação. Sim, ela pode te deixar mais calmo, mais zen. Mas também pode te colocar em seu caminho, com autenticidade, verdade, sem que seja necessário se esforçar para ser quem não é.

Entendo que você pense que meditar seja algo para o outro e nunca para você, mas não acredite nisso. Apenas comece.

E comece entendendo que meditar NÃO é "não pensar". Na verdade, pensa-se muito no início, vem muita coisa na cabeça. Da lista de afazeres do dia até a solução para um problema ou a lembrança de uma dor do passado. O segredo é: não se apegue a nenhum pensamento.

Ao se perceber pensando, interrompa o pensamento. Solte. E volte para a respiração.

Use a respiração para se manter no presente, no corpo, no agora.

Mas não controle o ar entrando e saindo, apenas perceba o ar entrando e saindo. Sinta cada pelinho das narinas, sinta o ar que te faz vivo, por cinco minutos que seja.

Mantenha a disciplina diária.

Se atrase no tempo humano por cinco minutos, mas não deixe de se silenciar e mergulhar no tempo infinito interior.

Constância, dedicação.

Sua vida vai entrar no trilho e o caminho, o seu caminho, vai se apresentar.

É real.

Comece.

O essencial é alimentar a verdadeira semente, a que vem de dentro.

Silencie sua mente: seu espírito e seus guias querem falar. É só fechar os olhos e silenciar. Somos seres multidimensionais em um Multiverso e há uma versão de você em outras dimensões mais elevadas. Ela quer falar com você aqui, nesta dimensão, para te dar dicas sobre como evoluir nesta vida.

Atenda à chamada, você vai se mostrar O caminho.

Se recolha e acesse o famoso Eu Superior — que nada mais é do que você mesma em uma dimensão elevada.

Mas, para isso, é preciso fechar os olhos e silenciar para ouvir.

Está tudo aí. O bom conselho. A melhor terapia. O seu caminho.

Escute.

~

Estamos no caminho da evolução e do aprendizado e falhamos por diversas vezes. Então, por que somos tão intolerantes com os erros dos outros?

Sinto que um dos grandes benefícios do tempo para a não-ação é a autoinvestigação. Quando fechamos os olhos e mergulhamos internamente, nos abrimos para o autoconhecimento. Muitas vezes nos vêm à mente momentos que tropeçamos, nossas palavras tortas, ações desalinhadas, o nosso ego agindo e nos fazendo cair no buraco; em buracos que são nossos velhos conhecidos.

Quando silenciamos, fechamos os olhos e nos investigamos diariamente, os desafios da jornada ficam nítidos.

E, ao perceber os desafios e o quanto falhamos, começamos a ter possibilidade de abertura para a compaixão genuína. Perdoar se torna mais acessível. Sabendo o quanto nós falhamos, podemos julgar menos. Ter compaixão pelas falhas do outro lembrando de nossas próprias falhas.

Ao se investigar e encontrar os nós internos, aprendemos aos poucos a nos perdoar, a reparar as nossas falhas e, assim, conseguimos levar esse exercício de empatia e acolhimento para o mundo.

Menos julgamento e mais amor, isso começa em nós, e se abrir para a autoinvestigação diária é um grande caminho para o perdão.

## GUIANÇA

Todos nós podemos receber guianças. Elas acontecem quando você acessa um lugar onde é possível se conectar consigo mesmo e receber informações do que fazer na vida. Escrevendo assim parece sobrenatural, mas, entendam, é algo *natural*. Até existem pessoas que nascem com a mediunidade aflorada, mas isso não torna ninguém melhor ou pior. Cada um possui uma ferramenta diferente.

Para quem está começando, há um processo básico, que pode ser feito agora. Comece fechando os olhos. Em pouco tempo você começará a "ver" imagens. Sua cabeça começará a te contar uma historinha, que pode ser baseada em memórias do passado ou até em coisas que nunca aconteceram, um possível futuro.

Perceba que raramente você "vê" algo exatamente como aconteceu. Entenda que sua cabeça conta histórias. E essas histórias trazem informações. Às vezes, com elas, vêm soluções. É necessário entender que isso não é fruto de vozes do além, e, sim, do que você vê, escuta ou sente quando fecha os olhos. Uma observação importante é que, se você ficar divagando em histórias, vai estar "queimando a mufa", então é necessário voltar a se centrar. Quando reparar que está envolvido demais na historinha, volte para o presente usando a percepção da respiração ou a concentração em algum ponto do corpo, como o terceiro olho ou dois dedos acima do umbigo, ou até mesmo usando um mantra.

Apesar disso, em pouquíssimo tempo a sua cabeça volta a contar histórias. Em menos de um minuto — danada mesmo essa mente —, pode surgir a conta para pagar, o problema para resolver, as opções de jantar daquele dia, a viagem que você quer fazer. E às vezes, bem no meio de uma dessas divagações, *boom!*

Aparece uma solução.

Vem a melhor maneira de fazer algo de que você tanto precisa. EUREKA!

Para saber se os insights que você tem são de Luz ou fruto de seu ego, é necessário perceber a sensação. Te traz bem-estar? Te dá paz? Alegria?

Se assim for, é Luz. Aí está a sua guiança!

O que vem não é o número da Mega-Sena. Muitas vezes é algo muito pequeno, como ligar ou não para alguém. Você se "vê" ligando, essa história começa a ser contada e você percebe a sensação que te traz. Se te der ansiedade e inquietação, é a mente querendo algo, então você joga fora e volta para o presente.

Tudo isso acontece de olhos fechados. Exige uma ativação mental imensa no início, mas com o tempo você vai percebendo, sentindo e se abrindo cada vez mais para ser guiado. Por isso a tão famosa frase de que tudo está dentro.

É porque está mesmo.

Feche os olhos e deixe vir.

Conecte-se e perceba!

**SEGUNDO GRUPO:** SUAS PALAVRAS TÊM PODER

USE AS PALAVRAS COM CONSCIÊNCIA

Saber a melhor forma de usar as palavras é um imenso desafio. Queremos ser ouvidos e compreendidos, mas muitas vezes não conseguimos dizer exatamente o que sentimos.

Será que é por nos conhecermos pouco?

Será fruto da falta de coragem para se encontrar com a verdade?

Enquanto isso, vamos guardando os sentimentos dentro de nós, jogando-os para baixo do tapete. No entanto, é inevitável: uma hora eles vazam, explodem. Seja na forma de uma doença ou ruptura ou com grandes conflitos.

Gosto de pensar que tudo pode ser dito, o que faz diferença é a forma, o jeito... Falar é fazer magia, diziam os antigos toltecas. Somos os únicos seres neste planeta com esse poder, para o positivo ou para o negativo. Podemos criar luzes ou sombras todas as vezes que falamos, a cada frase que proferimos. Um simples "ai, que inferno!", ou "eu nunca consigo isso", ou "não sou bom naquilo" faz com que você se conecte com vibrações mais densas, possibilitando a criação de uma realidade mais densa.

São exemplos corriqueiros, mas imagina maldizer alguém ou propagar informações negativas? Você pode escolher falar coisas boas, elogiar, não reclamar... pode escolher compreender o imenso poder que suas palavras trazem.

E é essa a nossa nova lição: tomar consciência do que se fala.

E ela pode começar agora.

Não é preciso esperar por nada. Ao perceber que você cria realidade e energia com o que diz, muita coisa muda. Suas palavras estão carregadas de quê? De qual tipo de vibração? Se escute falando. Mergulhe na presença. Escolha cada verbo como se fosse o ingrediente de um feitiço. E seja mestre de si mesmo, criando afetos e realidades, cumprindo e honrando o que saiu de sua boca.

Sei que não é fácil mudar a forma como nos expressamos e usamos nossas palavras, são exercícios de disciplina da mente que nos levam para o caminho da infelicidade ou felicidade.

Se você pensar em reclamar, por exemplo, mesmo que seja do trânsito, não o faça. Deixe a observação apenas em pensamento e verá que vai chegar um momento em que aquilo não vai mais te incomodar.

Quando pensar em criticar algo ou alguém, considere esses três aspectos: é realmente necessário trazer à boca o que não te agradou? Há algum elogio verdadeiro que se possa fazer, em substituição à crítica? Se for necessário verbalizar o incômodo, é necessário usar um tom de crítica, que diminui o outro? Parar e pensar no que se fala, em como se fala e quando se fala é um passo importantíssimo para tomar consciência do poder de nossas palavras. No fim das contas, é a nossa intenção que vale.

Deixe o erro do outro para o Universo cuidar. A Lei de Causa e Efeito é implacável e não precisa de nós como juízes. Liberte as pessoas e qualquer coisa de crítica e veja sua vida fluir em abundância e leveza. Ao libertar o outro da crítica, libertamos o nosso próprio caminho.

Também é natural que, em conversas, acabe se comentando de pessoas que não estão presentes. Nesses papos, pode acontecer

de venenos serem destilados, com dizeres que nossa mente insiste em se desculpar para continuar atuante:
*"não é nada, imagina, isso é apenas uma crítica construtiva"*
*"isso foi só uma observação"*
*"todo mundo fala mal mesmo, e daí?!"*

Para evitar seguir dando voz à nossa miséria que clama por companhia e só cria ainda mais karma em nossa existência, recomendo usar um filtro: imaginar que a pessoa está presente e só fazer comentários que falaria caso a pessoa estivesse escutando.

Dessa forma, tenho certeza de que não estou sendo autoindulgente e escorregando para o lado miserável da vida.

São pequenos exercícios de consciência como esses que iniciam uma grande transformação em nossas vidas.

## DECLARE SEU AMOR AOS SEUS ENTES QUERIDOS

Você já disse hoje o quanto ama a sua família? Pode parecer óbvio, pode parecer banal, mas ao falar, ao se colocar no mundo, o amor materializa, reverbera, agiganta!

Falar de amor eleva!

Não dá para perder essa chance do "Eu te amo" de cada dia.

## EXERCÍCIO DE ESCRITA FLUIDA E TERAPÊUTICA

Com um lápis (grafite é um ótimo condutor de energia), escreva uma carta para você mesmo, para Deus, para quem você está com um nó, ou então sobre uma angústia, uma dúvida... o que for.

Escreva sem pensar, não precisa ter nexo, ninguém vai ler. Quando não tiver nada para escrever, não pause, escreva "blá-blá--blá", mas siga no fluxo. E então, de repente, podem começar a surgir frases que nem têm a ver diretamente com o assunto, mas você começa a compreender que têm conexão.

É uma limpeza imensa que pode trazer muita cura. Um canal que se abre e torna possível receber muitas respostas. Às vezes, o lápis nem dá conta de acompanhar, tamanha a descarga energética que vem através das palavras.

Não se apegue ao resultado, apenas escreva!

Se te ajudar, prepare o ambiente, acenda uma vela, incenso, coloque músicas de alta vibração, lápis, papel e se entregue à escrita fluida.

É muito poderoso!

## **TERCEIRO GRUPO:** CONECTE-SE COM AS VIBRAÇÕES DO UNIVERSO

Tudo é vibração.

Tudo tem uma frequência vibratória — pessoas, lugares, alimentos, até mesmo os conteúdos que consumimos, como filmes, séries, notícias e posts.

O nosso corpo é uma antena, e as vibrações passam por nós, o que vai criando ressonância com elas. Quando sintonizamos com energias positivas, nossa vibração aumenta e tudo flui melhor, criando uma realidade abundante. Quando sintonizamos com energias densas, isso baixa nossa frequência e impacta a nossa vida de forma negativa, gerando uma série de problemas emocionais e físicos.

Isso não significa que é preciso se alienar e se conectar apenas com o que é positivo, mas, sim, aprender a dissipar, transmutar, transcender.

Êxtase, alegria, medo, tristeza, raiva, amor. Somos casulos momentâneos dessas frequências, mas não somos esses sentimentos. Apenas damos casa para eles. E essa casa só abre as portas se permitirmos.

Você pode assistir o medo chegar e partir e não o abrigar. Ou pode abrir a porta e ele se apresentar como aquela visita que vai se estendendo e, de repente, está morando com você.

Mas entende que, de alguma forma, há permissão? Você que dá a comida e a roupa lavada.

Que parte sua quer o medo em casa? A que tem ressonância com você.

Sentimentos como raiva, ódio, indignação, descontentamento, insegurança, desmotivação e divisão abrem as portas para o medo.

Autoestima e amor-próprio são o antídoto. Confie em si mesmo.

Cuide-se com afeto e afinco, assim você cria campo para o amor verdadeiro chegar. Para ele ficar e florescer e transbordar.

A casa precisa estar pronta para essa visita.


## FREQUÊNCIAS DE *SOLFEGGIO*

As frequências de *Solfeggio* compõem a antiga escala de seis tons e eram usadas na música sagrada, incluindo os Cantos Gregorianos. Os cânticos e seus tons especiais transmitem bênçãos espirituais; cada tom de *Solfeggio* é composto por uma frequência necessária para equilibrar a energia e manter corpo, mente e espírito em harmonia.

Tudo é energia. Tudo é vibração.

Ouvir essas frequências eleva, ajuda no processo de evolução, traz cura, além de ser uma delícia. Uso para meditar quando estou em ambientes barulhentos e principalmente enquanto estou viajando, fora de casa.


## CRISTAIS

Cristais guardam a memória da Terra.

Chegaram bem antes de nós e aqui vão permanecer. São mestres que nos ensinam por frequências energéticas, frequências que curam.

Abrem o chacra cardíaco. Acionam o amor-próprio. Curam mágoas. Equilibram a energia Yin. Ensinam a harmonia e a paciência. Acalmam a alma.

Ainda bem que estamos resgatando culturas milenares em que se usavam os cristais na pele e para fazer elixir. Massagear o corpo e beber a água com frequências da Terra é magia pura.

Cristal é coisa séria. Não compre por comprar. É uma responsabilidade, uma autocura.

Reverencie esses anciões da Terra.

Dê banho de chuva, de Lua — Nova e Cheia. Ou banho no sol da manhã, bem cedinho.

Guardiões da energia universal.

Temos muito o que aprender com eles.

## ALTAR MÁGICO

Fazer um altar é uma forma de materializar e fortalecer uma conexão espiritual, independentemente da sua religião. O altar de elementos traz a força da natureza e abre um círculo mágico. Para fazê-lo, basta usar a bússola do celular no lugar escolhido e ver onde ficam os pontos cardinais, colocando os elementos correspondentes.

Ao Norte — Fogo: velas da cor que a intuição desejar

Ao Sul — Terra: cristais, pedras, flores ou um prato com sal

A Leste — Ar: incensos ou sino

A Oeste — Água: recipiente com água filtrada

Caso você more no Hemisfério Norte, há uma pequena alteração: no ponto Norte fica o elemento Terra e no Sul, o elemento fogo.

É muito especial ter um altar e criar uma relação de cuidado, potencializando o canal com o que é invisível, mas existe.

## CONEXÃO COM O DIVINO

Já experimentou se conectar com o divino sozinho? Ou você precisa de intermediários? Você sabe se precisa de palavras, orações ou rituais pré-existentes?

Experimente ser seu próprio mestre e se entregar ao mistério.

Prepare o ambiente da forma como for mais agradável para você, feche os olhos e mergulhe no silêncio. Deixe vir. É impossível não perceber.

Está aí. Está tudo aí.

É magnífico. Poderoso. Imenso.

Basta querer e fazer que a mágica acontece.

## CONEXÃO COM OS CICLOS LUNARES

É um grande benefício acompanhar os ciclos lunares e usar a sabedoria dessa energia para se alinhar com o tempo natural. Manter uma conexão com a natureza é essencial para ficar equilibrado, integrado e assim elevar o espírito. Para quem vive em centro urbano, essa não é uma conexão diária simples.

Saber em que fase a Lua está e o que ela favorece ajuda a vida a fluir. Se sintonizar com o Universo através da Lua facilita muito o *flow* da vida.

**Lua Nova:** Tempo de recomeçar, de semear, de plantar objetivos para o novo ciclo. Muito boa para iniciar projetos, parcerias, relacionamentos e fazer lista de intenções. Ótimo momento para se dedicar ao novo.

**Lua Crescente:** Momento em que as coisas aceleram, mas os resultados não são garantidos. É nesse período que descobrimos se a semente plantada na Lua Nova vai pegar. É interessante perceber o que está ganhando força e concentrar sua energia nesse aspecto.

Tempo de desinibição, coragem, comunicação e ação. Tudo fica mais claro e definido. Boa para reuniões, trocas externas, assumir compromissos, se manter presente e ativo.

**Lua Cheia:** Momento em que o padrão do ciclo chega ao ápice. O sucesso ou fracasso dos nossos esforços ficará exposto à luz da Lua. Podemos experimentar exaltação ou ansiedade ou frustração. Vivemos as consequências do que foi iniciado durante a Lua Nova. Colhemos o que plantamos, por isso é sempre bom plantar com consciência para compreender o que estamos vivendo no presente. O humor fica alterado e o magnetismo elevado, junto com os níveis de água do nosso corpo e de todo o planeta. Bom para atividades que precisam de público, lançamentos, vendas, festas e comemorações. Ficamos expansivos nessa época.

**Lua Minguante:** O nível de água em nosso organismo e no planeta é baixo, assim como nossa energia. Tempo de recolhimento e interiorização. Momento em que fazemos o balanço do que foi vivido no ciclo. Essencial perceber o que é preciso transformar e finalizar para recomeçar sem pendências. Fase de aceitação, acolhimento e adaptação. Bom para retiros, cirurgias, tratamentos de cura, limpezas internas e externas (doar roupas e objetos), finalizar parcerias e se conectar ainda mais com a intuição.

## COMO FAZER UMA LISTA DE INTENÇÕES PARA O INÍCIO DE UM NOVO CICLO LUNAR (LUA NOVA)

Prepare o ambiente da forma mais agradável para você. Pegue uma folha de papel em branco (de preferência sem pauta) e lápis grafite (que é condutor de energia). Escreva seu nome completo no topo da folha e coloque a data do dia, em números.

Então, divida a folha com um traço que separe lado direito e lado esquerdo. Do lado esquerdo, comece enumerando todas as

**intenções** que você deseja realizar neste período. Escreva tudo no presente, sempre com afirmações positivas. Evite usar as palavras "não" e "espero". Do lado direito, coloque algo que você **pode** melhorar em **si mesmo** para que aquela intenção se realize.

Alguns exemplos:

| Minha conta está sempre com x reais no positivo | Confio e me alinho com o fluxo de abundância do Universo |
|---|---|
| Começo um novo emprego | Envio meu currículo para os lugares que me interessam e aciono meus contatos |
| Me alimento de forma saudável | Evito industrializados, faço receitas saudáveis, estudo sobre nutrição saudável |
| Sou paciente com minha criança | Inspiro e expiro profundamente quando sinto irritação, se necessário, interrompo o que estou fazendo e mudo de ambiente |

Escreva no máximo dez intenções e mudanças para concretizar (lembre-se de que, caso coloque intenções demais, ao final do ciclo pode surgir uma ansiedade por não ter concluído muitas delas). Seja responsável consigo mesmo e não interfira no livre-arbítrio das pessoas ao escrever as intenções; concentre-se em você.

Quando o ciclo se encerrar, na próxima Lua Nova, escreva TUDO aquilo pelo que você é grato durante aquele período na parte de trás da folha.

Queime.

Faça uma nova lista para o novo ciclo.

## TRANSFORMAÇÕES NA LUA MINGUANTE

Entendemos que o ciclo de vida-morte-vida é Lei neste planeta. Entendemos, também, que nosso corpo é perecível. A natureza está frequentemente nos mostrando a nossa impermanência: os ciclos da Lua, das estações, dos frutos... Vemos isso o tempo todo!

Mas, então, **por que é tão difícil desapegar?**
Sinto que o que torna esse processo tão sofrido é não ser capaz de ouvir os sinais e deixar o tempo passar, prendendo em si o que não deveria permanecer. Quem se conecta com os ciclos lunares sabe que a cada Lua Minguante há a chance de se transmutar. A natureza nos mostra através dessa fase da Lua — e de tudo que ocorre na Terra durante esse período — que precisamos nos desapegar de alguma coisa a cada ciclo, transformar algum hábito ou comportamento, tomar consciência do que não funciona mais e agir, senão, com o tempo e o acúmulo, a Lei de equilíbrio arranca essas coisas de nós na marra.

E é então que vêm a dor e o sofrimento.

Assim como também precisamos a cada ano ficar mais introspectivos por três meses durante o inverno. É preciso respeitar esses ciclos...

Temos a chance de agir com nossa consciência, mas quando não fazemos essa limpeza, algo acontece para nos mostrar que não respeitamos o movimento natural da vida. Há uma grande oportunidade de abrir a escuta a cada fase minguante da Lua e se perguntar: o que precisa ir agora? E então soltar... porque se você sabe que algo deveria ir embora e não se desapega, as coisas viram uma bola de neve e, no futuro, vão doer. Está ao nosso alcance a possibilidade de ter uma vida mais fluida e alegre quando deixamos o ciclo acontecer.

Coragem para limpar ao primeiro sinal.

Estejamos atentos.

## CONSCIÊNCIA E AÇÕES PARA LUA MINGUANTE

Durante a fase minguante, temos a oportunidade de fazer as limpezas necessárias e começar sem peso o novo ciclo que se iniciará com a Lua Nova. É uma fase de menor força de atração gravitacional da Lua sobre a Terra, é quando há o mais baixo nível de volume de água no organismo e no planeta. É um tempo de recolhimento e interiorização, de processar nossas vitórias e desafios que surgiram nesse ciclo para fazer os ajustes necessários. O que preciso mudar em mim para atingir meus objetivos? Quais mudanças já fiz e deram resultados positivos? Momento de reflexão, autoacolhimento. Momento de maturação e adaptação para, a partir da semana seguinte, agirmos com a força da energia do novo ciclo.

Essa é uma fase para poupar energia e se recolher para fazer as limpezas necessárias. Olhe para os dias que passaram nesse ciclo. Se pergunte o que foi vivido e precisa ser superado, deixado para trás; se houve algum excesso que precisa de transformação. Olhe sem julgamento, apenas se perdoando e com grande força de vontade, acreditando que não irá se repetir; com a determinação de fazer diferente no novo ciclo.

A grande revolução começa em nós. Quando mudamos pequenas atitudes nocivas, começamos a transformar a nossa vida e o mundo.

## RITUAL DE TRANSMUTAÇÃO NA LUA MINGUANTE

Caso você sinta necessidade de fazer algum ritual para ajudar a transmutar algo que aconteceu neste ciclo, a Lua Minguante é a ideal. Escreva em um papel com lápis grafite tudo o que quer transformar em você, queime e jogue as cinzas na terra ou na água corrente (pode ser da torneira).

É importante ter em mente, quando se trata das fases da Lua, que não é para se limitar. Seja flexível e entenda que tudo são tendências, então use sua sabedoria lunar para criar consciência.

## QUARTO GRUPO: LIDANDO COM AS DENSIDADES DA MATÉRIA

Certo ou errado, bom ou ruim, isso são julgamentos humanos. O que é certo aqui pode ser considerado errado em outro país, por exemplo. O interessante é perceber pela perspectiva de densidade e leveza.

Nossas escolhas densificam ou sutilizam nossas energias. Quando estamos densos, damos abertura para sentimentos de baixa vibração; quando estamos sutis temos maior conexão com as dimensões elevadas, vivendo em maior plenitude.

### MÍDIA DE MASSA

Esse tema é polêmico, mas confio na sua abertura para experimentar e fazer diferente.

Porque eu experimentei fazer diferente e percebi uma grande mudança na minha vida.

Se dê a oportunidade de experienciar e perceber por si mesmo.

Sou formada em Jornalismo e adorava ler jornais, adorava me informar com diversos veículos da mídia de massa. Adorava a sensação de estar informada, então compreendo a sede por informação. Mas fui percebendo com o tempo que muitas vezes existe uma manipulação, existe uma forma de controlar a sua energia por meio do medo.

A intenção aqui não é buscar culpados, e sim te trazer consciência sobre a influência energética na sua vida e sobre como escolher se blindar eleva sua vibração.

Atenção, não é sobre se alienar.

Você pode, sim, se informar, mas tomando o cuidado de não mergulhar na densidade energética das informações.

Uma interessante solução é se informar através de newsletters. Desta forma você não consome a informação por completo. Porque quando lemos detalhes e principalmente quando assistimos a imagens, entramos na egrégora — no grupo energético dessa história —, e o organismo densifica. Você carrega essa história para dentro de você.

Perceba como você fica após ver imagens de qualquer notícia densa. As cenas não saem da cabeça, o que significa que entraram no seu sistema.

Você pode saber sobre algo terrível que aconteceu e mandar vibrações de luz, mas se não trabalha com isso diretamente e, principalmente, se esse não for o seu propósito, você não ajudará em nada baixando sua vibração.

A porta de entrada para as energias de baixa vibração é o medo. É bastante interessante perceber que, toda vez que sentimos medo, vamos abrindo lugares dentro de nós para sentir ansiedade e angústia, sentimentos que realmente nos densificam.

Então, o conselho é: blinde-se das energias de mídias de massa e, se for imprescindível para você consumir informações, passe por cima das notícias, não mergulhe na história se não tiver real necessidade de saber detalhes nem maneiras de ajudar diretamente.

Dessa forma você consegue blindar o seu sistema e ser eficiente no coletivo, ajudando a manter a energia do planeta elevada por estar com a sua vibração elevada.

COMPARTILHANDO INFORMAÇÕES

No que colocamos energia, cresce.
    Quando compartilhamos sobre o terror, aquilo cresce.
    Mesmo que a intenção não seja essa.
    Sempre cresce.

Ignorância energética.
Aprendi.
A sabedoria está em falar sobre o que queremos ver crescer.
Empoderar, evitando trazer as mazelas.
Comprovei.
A Luz cresce.

## DROGAS DE FARMÁCIA

O remédio de farmácia trata o sintoma; a causa da doença sempre começa no corpo espiritual.

Gosto de pesquisar a origem do sintoma utilizando a metafísica. Dessa forma você expande a consciência pesquisando sobre a causa emocional.

A alopatia funciona muito bem para emergências e para trazer alívio enquanto não se encontra a cura.

Vale se dedicar a buscar a cura através da causa, fazendo uso de alimentação saudável, terapias alternativas e naturais, evitando ficar dependente de um remédio de farmácia sem necessidade.

O importante é tomar consciência do "para quê" o sintoma está acontecendo. Sintomas físicos são recados da alma pedindo alguma transformação.

## ÁLCOOL E DEMAIS SUBSTÂNCIAS RECREATIVAS

É comum na nossa sociedade o uso de álcool e drogas socialmente, mas é essencial ter muito autoconhecimento e consciência para saber o quanto cada substância vai densificar o seu sistema, influenciando muito na sua jornada.

Cada substância carrega uma história. Cada substância carrega uma egrégora.

E, a partir do momento que você consome essa substância, você está consumindo essa história. Você está consumindo essa egrégora e essa vibração.

Entenda, aqui o ponto não é moral. Não é sobre certo ou errado.

Perceba em você o quanto cada consumo densifica a sua vibração, quais são os reflexos na sua vida, e então avalie se vale o consumo.

# PERÍODOS ESPECIAIS

Alguns dias são mais propícios para que você se conecte e trabalhe sua espiritualidade. Além dos ciclos da Lua e do Universo, existem datas e períodos que são cheios de energia e possibilitam que você os use a seu favor, seja para mentalizar algo, para agradecer ou para se conhecer melhor.

A seguir, listo algumas datas, períodos astrológicos e festivais de diversas religiões que marcaram a minha vida, são especiais para mim e sinto que podem te ajudar em sua jornada de conexão e melhoria pessoal.

## DIA DE REIS: DIA DO ASTRÓLOGO

No dia 6 de janeiro comemora-se o dia em que os Reis Magos visitaram o menino Jesus. Esses "magos", sábios que vieram do Oriente, queriam visitar a reencarnação de um Iluminado. Eram sábios com conhecimentos em Matemática, Ciências, Ocultismo, Astrologia e Astronomia.

Nesse período, a Astrologia tinha um papel muito importante no Oriente Médio e a Estrela de Belém era um alinhamento planetário único, um aspecto astrológico conhecido e estudado, de grande significado. Sabia-se que, quando esse aspecto acontecesse, o Messias viria.

E assim foi com o nascimento de Jesus: o aspecto astrológico estava nos céus, e os magos foram ao encontro desse bebê que seria um ser iluminado, levando objetos que seriam reconhecidos por ele.

E assim o protegeriam e o preparariam com seus ensinamentos.

Nesse dia também é comemorado o dia do astrólogo, esses estudiosos que, observando os céus, nos dão previsões e ajudam em nosso autoconhecimento.

## DIA DE IEMANJÁ

É nas águas do mar, no 2 de fevereiro, que me vejo em paraíso.

É nas águas do mar que minha alma dança. Nos braços de Iemanjá sou mais feliz.

Coisa mais bonita e poderosa da natureza. Nadar em suas águas, submersa, ver os raios de Sol.

Te encontro, Deus.

Odoyá, mãe!

Que o acolhimento, a paciência e o amor incondicional e supremo da Deusa do Mar, Iemanjá, nos ensinem e guiem nossos dias.

## MAHA SHIVARATRI: A GRANDE NOITE DE SHIVA

Tenho grande conexão e apreço por esse festival, que é um dos mais importantes da cultura védica. Em 2016, eu estava na Índia, em peregrinação espiritual com um grupo, e decidi estender a viagem para ficar mais quinze dias, mesmo a peregrinação se encerrando. Eu não sabia que seria Maha Shivaratri; foi uma linda e mágica sincronicidade poder experienciar essa data em Haridwar, na Índia.

Segundo a tradição hindu, *Maha* significa "grande" e *Ratri* significa "noite", por isso o Maha Shivaratri é a "Grande Noite de Shiva". O Shivaratri, a noite de Shiva, ocorre todo mês, na noite anterior ao primeiro dia da Lua Nova — ou Lua Negra. O Grande dia de Shiva, no entanto, ocorre apenas uma vez ao ano, durante a Lua Negra do mês de Magha, no período entre o final do inverno e o início da primavera no Hemisfério Norte, entre fevereiro e março.

Para os hindus, a Lua comanda a mente e os sentimentos. Assim, a diminuição da parte visível da Lua e a redução de sua energia durante a fase minguante favorecem a gradual sutilização da mente, possibilitando a percepção da Luz da Consciência e o contato com a nossa Essência, simbolizado pelo nascimento da Lua Nova. Isso se acentua ainda mais no Maha Shivaratri, em que o planeta, no Hemisfério Norte, está posicionado de tal forma que a energia natural do ser humano está aumentada e é possível se conectar com ainda mais intensidade.

Nesse dia, a mente está quase impotente e pode ser dominada.

E com a força de Shiva, destruidor das ilusões, senhor do renascimento, podemos remover a ignorância.

Nessa data especial, é tempo de celebrar a impermanência de tudo que existe.

É tempo de deixar o que está velho para trás, abrindo espaço para o novo.

## PÁSCOA

Uma data móvel que ocorre no primeiro domingo depois da primeira Lua Cheia após o equinócio.

Páscoa traz a energia do Renascimento:

Renascer, para a vida real. Para a sua verdade. Para o sentir.

Renascer, para o essencial. Para o natural. Para o existir.

Renascer, para ouvir o vento, transcender o tempo.
Deixar fluir. No que vem de dentro, intento.
Renascer, para o feminino. Para o íntimo. Para o além daqui.
Renascer, para a vida eterna. Para aqui na Terra ter o que construir.
Renascer, para se descobrir. Para o novo ouvir e assim servir.
Renascer, com a voz interna. A conexão em meta. Para não esvair.
Renascer.
De uma forma imensa para que, sem pressa, venha o lugar mais liberto do Estar aqui.

## WESAK: LUA DE BUDA

Wesak é comemorado na primeira Lua Cheia de maio, em celebração à Lua de Buda. Foi com o Sol em Touro e a Lua Cheia em Escorpião que Buda nasceu, iluminou e morreu/ascendeu.

Dizem que sempre, na Lua Cheia de maio, o amor e a sabedoria de Sidarta Gautama, o iluminado, recai sobre a Terra para nos abençoar e ajudar em nossa evolução. Com o Sol em Touro, temos a consciência de que para crescer é preciso ter raízes fortes, uma âncora interna que nos sustenta e dá confiança. É muito importante saber ficar bem consigo mesmo para poder expandir, ter essa fé interior de que, mesmo com tudo fora do controle, existe uma ordem cósmica.

Já com a Lua em Escorpião, signo que é código para transmutação, temos a oportunidade de compreender a impermanência da vida e também curar o que nos impede de evoluir. Ao tomar consciência, podemos jogar Luz nas sombras, nos comportamentos que vêm do inconsciente e nos sabotam. Podemos acolher tudo o que chega, compreendendo que os desafios são oportunidades de crescimento.

A energia vigente nessa época é favorável para deixar partes que não nos servem mais para trás e firmar um novo Eu, e para que esse novo Eu seja cada vez mais alinhado ao nosso Ser mais puro, à nossa essência, ao nosso caminho em direção à nossa Luz.

É preciso confiar na caminhada, tirar da frente tudo que você sabe que não te faz bem, não insistir na fuga, no erro.

A chance de escrever uma nova história é potente.

Em Wesak, temos disponível uma poderosa energia de regeneração. A luz de Escorpião tem a sabedoria de ir na dor, mergulhar na lama para trazer a flor de lótus e, das cinzas, virar fênix. Aquela força que você não sabia que tinha, mas que está aí.

Em um dia de Wesak vale se preparar tomando consciência daquilo em que precisamos evoluir, prestando atenção nos acontecimentos, nos sinais, reverenciando e praticando o contato com a força interior.

Acionar o seu Buda interno, seu Eu Superior.

O seu porto seguro em si mesmo.

E evoluir com a ajuda da força da energia do Wesak, que aponta nos céus na Lua Cheia de maio de cada ano.

## O DIA FORA DO TEMPO

O dia 25 de julho é o Dia Fora do Tempo, de acordo com o Sincronário das 13 Luas de José Arguelles.

É uma data poderosa para se conectar com energias elevadas, dedicada a comemorar a arte do tempo. É representada por um antigo símbolo escolhido pelo russo Nicolas Roerich para ser a Bandeira da Paz, possuindo vários significados lindos: cada esfera representa o presente, o passado e o futuro, e a esfera maior representa a eternidade, envolvendo tudo. Também simboliza a Ciência, a Espiritualidade e a Arte, circundadas pela Cultura. Além desses dois significados, também pode ser interpretada como o corpo físico, o espiritual e o mental, envoltos pelo livre-arbítrio. É uma bandeira que, desde 1935, é reconhecida internacionalmente como um instrumento de paz — paz através da cultura.

Desde que fiz uma tatuagem com exatamente este símbolo, passei a ter uma ligação maior com essa data, e ela se tornou um portal de expansão para mim.

Também é um dia marcado por cerimônias de perdão universal, por ser considerado um portal pela perspectiva espiritual e agir como uma pausa interdimensional entre um ano e outro. Isso faz com que o Dia Fora do Tempo seja como a véspera do Ano-Novo deles.

É um momento para conexão com o tempo cósmico, não linear e multidimensional.

Portais têm essa força de evolução e cura, e usar essa sabedoria através dos tempos possibilita maior conexão e saltos quânticos. Aproveite!

## DIA DA MÃE TERRA: DIA DE PACHAMAMA

Primeiro de agosto é o dia em que se celebra a Energia Universal Feminina. É a celebração de uma deidade oriunda da mitologia inca que representa a energia da Mãe, fértil, que tudo dá, que acolhe, que abraça, que tem paciência e todo o amor.

A energia feminina existe em todos nós, não importa o gênero, e estamos num período em que a nossa energia feminina individual precisa de cura, assim como a Mãe Terra. O reflexo do que está dentro está fora. A natureza pede socorro porque todos estamos com feridas internas. Precisamos curar a relação com nossas mães, precisamos nos dedicar à nossa energia Yin, ao sagrado feminino. Precisamos ser mais doces, mais tolerantes e mais generosos.

É possível sentir amor incondicional. É possível nos conectar mais com nossa intuição. Quando a ferida parar de sangrar internamente, Pachamama estará em paz, saudável e abundante.

Sempre começa em nós.

Sempre.

Cuidemos da Mãe Natureza, mas também cuidemos de nossas águas internas, de nossa energia Yin pessoal.

## GANESHA CHATURTHI: NASCIMENTO DE GANESHA

*Ganesha Chaturthi* é um dos mais populares festivais hindus por ser o aniversário do Senhor Ganesha. Acontece no quarto dia do mês de Bhadra, segundo o calendário hindu, que se inicia com a Lua Nova em Leão, podendo cair em agosto ou setembro do calendário gregoriano.

Ganesha é filho de Shiva e Parvati. Considerado o deus da inteligência e símbolo da sorte, estimula a prosperidade e elimina os obstáculos. Com um pé na terra e outro no ar, é o arquétipo da compreensão entre o mundo espiritual e o mundo material, da razão lógica e da prosperidade em ambos os mundos.

Quando fui à Índia, eu ainda não tinha devoção a nenhum Deus hindu, mas senti uma imensa conexão quando estive no templo de Ganesha. E várias sincronicidades aconteceram depois da viagem, confirmando e fortalecendo minha conexão com o Deus da Abundância, removedor de obstáculos.

Já ganhei diversos Ganeshas sem as pessoas saberem da minha conexão com ele. Dizem que ganhar uma imagem de Ganesha traz imensa sorte.

Hoje sou devota de Ganesha e tenho uma imagem dele em minha mesa de cabeceira, sentindo uma fé que não se explica pela razão quando me conecto com ele.

## YOM KIPPUR

Yom Kippur é o dia do perdão no judaísmo, que começa no pôr do sol que dá início ao décimo dia de Tishrei, o sétimo mês do calendário judaico, e continua até o final da tarde seguinte.

Já fui católica e budista, hoje não tenho religião, mas admiro e valorizo as datas dedicadas à nobreza do espírito. Fico emocionada de pensar que muitas pessoas no mundo estão jejuando e refletindo sobre os seus atos. O jejum em si não é algo milagroso, mas possibilita a conexão com o espírito e afasta por algumas horas a servidão ao corpo e às suas necessidades.

Aprendi com a espiritualidade que perdoar é uma das grandes chaves para a felicidade. Andar sem correntes, leve, não culpando ninguém pelo que se vive. Compreendendo que somos responsáveis e atraímos o que precisamos para evoluir. E, mais profundo ainda, sentindo compaixão por quem nos machucou. Se colocar no lugar do outro de fato faz a mágica acontecer.

E me faz lembrar do famoso livro de Harper Lee, *O sol é para todos*. Nele, um dos personagens diz: "Você nunca realmente entende uma pessoa até que você considere as coisas do ponto de vista dela... até que você entre em sua pele e ande com ela por aí."

Exercite compaixão e empatia, não apenas para esse dia, mas para acompanhar a caminhada da vida.

## SAMHAIN: HALLOWEEN

Samhain é o festival celta que deu origem ao Halloween. O dia 31 de outubro representa o ponto médio entre o equinócio de outono e o solstício de inverno no Hemisfério Norte. Esse período era considerado o fim da época da colheita, quando tudo parava de crescer e a terra voltava a dormir.

No calendário wiccaniano, conhecido como a "roda do ano", é também o dia em que o Deus morre para renascer no solstício de inverno do Hemisfério Norte, no final do ano.

Samhain é, portanto, o dia em que o véu entre os vivos e os mortos é considerado o mais fino e é um tempo para lembrar as pessoas da nossa vida que morreram.

É um tempo de agradecer o que nossos ancestrais fizeram em vida. Se não fizeram melhor é porque não sabiam como. Reconhecer, honrar e agradecer toda ancestralidade e fazer o possível para, a partir de hoje, levá-los além.

## NATAL

Não sabemos com certeza a data do nascimento de Jesus, mas o que a cultura nos legou e vale a pena perpetuar é o sentimento de amor e união que o Natal traz. Muitas pessoas dizem que sentem melancolia. Por que será?

Talvez ocorra porque olhamos para nossa própria vida sem máscaras, e pode acontecer que venha o desejo de querer estar em outro lugar. Ou talvez porque a máscara da família perfeita não seja sustentada quando se vive na prática. A foto é de porta-retratos, mas o amor, o carinho e o respeito advêm dos olhos nos olhos.

Sinto que é aí que entram os principais ensinamentos que vêm dessa data. O Natal é a festa da Luz, onde podemos nos lembrar da importância de nos conectar com a Luz e com a consciência crística do amor incondicional, a mensagem da qual Jesus é um lembrete e um guia aqui na Terra. Não importa a sua religião ou crença, temos essa poderosa conexão com a energia crística.

É uma época para agradecer o que já existe da forma como é. De perdoar no coração quem já te machucou, não julgar e honrar quem tem seu sangue, mas é tão diferente de você. O exercício da compaixão, de compreender que todos estão no processo de evolução e às vezes enfrentando batalhas internas duras de que não fazemos ideia. Lembrar que não devemos nos sentir superiores por sermos mais conscientes.

Ser Luz é estar em ressonância com o que vem do coração, para assim transbordar e sermos o Sol invencível no mundo. Que o amor fale alto em nós. Que a gente siga acreditando no amanhecer.

Se você está bem, seja Luz para alguém no Natal.

Seja amor. Seja bom.

Transbordar essa Luz interna é ser um Sol. A data em que celebramos o Natal atualmente, 25 de dezembro, é derivada de uma importante festa pagã, em homenagem ao Deus persa Mitra (o Sol Invencível), conhecida como *Natalis Solis Invicti* — "Nascimento do Sol Invencível" — e acontecia durante o solstício de inverno do Hemisfério Norte, para comemorar o eterno renascer do Sol na noite escura.

Assim, transferiram aquilo que era designado a Mitra para Jesus. O nascimento do Sol Invencível se tornou uma alusão ao nascimento de Jesus.

Jesus, "Luz do Mundo", "Sol de Justiça".

Tudo começa em nós, e iniciarmos as ações em nossa própria vida e família é o primeiro passo de uma grande revolução.

Que a vibração dessa energia ressoe em nós no Natal e sempre, que possamos transmitir essa Luz a todos ao nosso redor.

## PERÍODOS ASTROLÓGICOS IMPORTANTES

### MERCÚRIO RETRÓGRADO

Mercúrio, o planeta que rege a comunicação, os negócios, as viagens, o sistema nervoso central, a tecnologia e todas as formas de conexão, fica retrógrado de três a quatro vezes por ano. A vida não para durante o período de Mercúrio retrógrado, mas com certeza desacelera.

Não é aconselhável iniciar um projeto nessas épocas, nem assinar documentos, iniciar parcerias ou fazer compras importantes. Se você precisar assinar um documento ou começar um novo trabalho, faça com mais cuidado e vigília.

Mercúrio retrógrado assusta muita gente, mas precisamos entender que a vida não é só fazer e acontecer. Não é saudável andar em modo acelerado o tempo todo. Nestes períodos de retrogradação, a energia desacelera para olharmos o que ficou pelo caminho, as pontas soltas, para só depois poder caminhar para a frente, em evolução.

A retrogradação é para repensar, refazer. É tempo de revisar, retomar situações do passado ou algum projeto inacabado, refazer algo que não deu certo, resolver pendências... Todos os "re"s possíveis. Para que, assim que Mercúrio voltar a ficar direto, coloquemos em ação o que foi reavaliado.

Aproveite o momento antes da retrogradação de Mercúrio para adiantar tudo que é referente a contratos, grandes decisões, compras, lançamentos. Isso é interessante porque, durante a retrogradação, mudamos muito de ideia e imprevistos podem acontecer. Se não tiver jeito e for preciso agir nesses termos, não é preciso ficar engessado, apenas manter a atenção redobrada e também se comunicar mais claramente.

Saber o que está acontecendo no céu não deve gerar pânico, ao contrário. O conhecimento deve ser canalizado para que possamos usar o fluxo do Universo em nosso favor e surfar no ciclo. Ao entender as energias, temos maior compreensão da vida. A Astrologia é incrível por isso, por nos mostrar a força energética atuante e assim podermos nos programar e nos observar.

Porém, apesar do que muita gente acredita, é possível, sim, mover a energia com Mercúrio retrógrado, no entanto as forças gravitacionais são mais densas. Voar se torna mais desafiador...

Mas Mercúrio vem para reorganizar nossas vidas durante a retrogradação, pedindo muita meditação. A auto-observação é essencial neste período.

É tempo de reflexão, de desacelerar, de reavaliar a vida.

E isso é maravilhoso!

A energia do Universo nos dá um tempo para pensar: é isso mesmo o que você quer? É esse o caminho que você quer seguir?

Veja bem, repare bem, pense bem.

Desacelere.

## VÊNUS RETRÓGRADA

Vênus rege o valor que damos às coisas, a beleza e os relacionamentos. É um planeta ligado ao sentimento, ao coração e à emoção. Quando fica em movimento retrógrado, não é um bom momento para se fazer compras valiosas nem procedimentos estéticos.

É um período para nos questionarmos se estamos felizes e realizados, se estamos vivendo a vida que sonhamos, se quem está ao nosso lado é alguém que nos faz feliz e se o sentimento é recíproco. É tempo de avaliar intensamente os nossos valores emocionais, de perceber como amamos.

E o amar saudável começa no amor-próprio.

É um importante período para resgatar e fazer as curas a partir do seu valor próprio.

## ECLIPSES

Sou fascinada pelos eclipses, na forma como de fato trabalham em nossas vidas. Eles tornam muito nítido o que não estávamos enxergando bem, o que temos que deixar partir ou o que precisa de aprimoramento.

O interessante é não perder tempo nessa vida, então, quanto antes os processos acontecerem, melhor. Por isso comemoro os eclipses, por saber que vão mexer o que for preciso para fazer a vida andar.

Astrologicamente, eclipses acontecem em eixos de signos opostos complementares, tratando de assuntos correspondentes a esses signos envolvidos.

A conclusão do assunto do eixo leva uma média de dois anos e meio.

### EQUINÓCIO: ANO-NOVO ASTRAL

Durante os equinócios, o dia e a noite têm a mesma duração. É uma energia poderosa, simbolizando a união de forças opostas. É o ponto no ano em que há equilíbrio absoluto entre a noite e o dia, entre feminino e masculino, entre Yin e Yang.

Esse é um momento potente para honrar a Luz e a sombra dentro de nós, o coração e a mente. A parte humana e a espiritual. Mudamos de marcha quando mudamos de estação.

No Hemisfério Sul, no equinócio que ocorre em março, recebemos o outono. Já no Hemisfério Norte, chega a primavera.

Em setembro, as estações invertem.

O equinócio do início do ano também coincide com o Ano-Novo astrológico, com a chegada do Sol em Áries, marcando o início de um novo ciclo. Não é à toa que Áries é o primogênito do zodíaco, tem pioneirismo, traz a energia de inciativa e coragem.

Esse é um grande momento energético.

### SOLSTÍCIOS

Um dia para mudarmos de estação. Para virarmos inverno ou verão.

O solstício de inverno é um período para se voltar ao seu interior, para se recolher e se escutar, para florescer alinhado ao seu propósito quando for primavera.

Já deixamos cair suficientes folhas no outono? Se ainda não, o inverno vem para isso.

Lembrando que a quietude e introspecção antecedem momentos importantes na vida.

Sejamos inverno por inteiro, para sermos verão com verdade.

Já no solstício de verão, no dia mais longo do ano, recebemos maior incidência de raios do Sol, esse astro que representa a energia vital, a fonte suprema. A força da natureza se torna plena, potente e abundante! Somos natureza e estamos em ressonância.

Ou seja, esse é um grande momento para resoluções, materialização de projetos e metas. A chegada do solstício de verão sempre foi comemorada com muita alegria, representando a renovação da vida. Muitos festivais e rituais foram criados para celebrar o retorno da luz. É tempo de muita energia e altas vibrações.

É tempo de celebração!

## ANIVERSÁRIO

O Mapa Natal é um retrato do céu no momento exato do nosso nascimento. Em todos os anos, há um dia e uma hora exatos em que o Sol passa novamente pela posição em que estava quando nascemos.

Esse instante pode acontecer no mesmo dia do aniversário, um dia antes ou depois.

É nosso Ano-Novo, a nossa Revolução Solar, e, após ele, começa uma nova volta do Sol, até o nosso próximo aniversário.

É o início de um novo ciclo, com muitas chances de compreender os desafios, as luzes e as sombras pelo caminho. É um dia em que um portal se abre e nossos guias, mestres e anjos se aproximam para nos abençoar.

Pode ser interessante se retirar e ficar a sós, talvez apenas por alguns minutos, para permitir essa aproximação e receber essas bênçãos. Nesse momento, você pode também transbordar e abençoar a todos que ama. Em nosso aniversário, temos um holofote em nós, somos um Sol e, com essa força, podemos também intencionar transbordar Luz e iluminar.

# ENCERRAMENTO

# IRRADIE LUZ

*"Creio que tirarei da vida exatamente o que nela colocar. Serei cauteloso quando tratar os outros, como quero que eles sejam comigo. Não caluniarei aqueles que não gosto. Não diminuirei meu trabalho por ver que os outros o fazem. Prestarei o melhor serviço de que sou capaz, porque jurei a mim mesmo triunfar na vida, e sei que o triunfo é sempre resultado do esforço consciente e eficaz. Finalmente, perdoarei os que me ofendem, porque compreendo que às vezes ofendo os outros e necessito de perdão."*

~ Mahatma Gandhi

É tudo tão imenso e grandioso. Às vezes dá vontade de ficar lá na dimensão do Universo que acolhe e não julga. No silêncio infinito...

Mas vivemos aqui, nesta experiência em corpo denso. Essa terceira dimensão, composta por matéria. Vivemos para ter a experiência da matéria.

E isso é uma bênção.

Mas confunde...

Confunde porque nos separa e nos divide.

E somos matéria quando olhamos para o céu. Quando mergulhamos no mar. Quando sentimos a grama nos pés ou uma mão que oferece afeto quando você está com dor, e então seu coração se acalma.

Lembra?

É isso.

Viemos experimentar essa Terra com a dualidade, mas é preciso lembrar que também somos Luz. Somos milagre. A gente sabe. A gente sente.

Só esquecemos. Muitas vezes esquecemos.

O ponteiro do relógio não para, o Sol se põe, outro dia nasce e não dá para viver no mundo da lua. Não dá mesmo. É aqui que se vive, mas, sim, você pode ter a consciência do Universo inteirinho dentro de si.

A Lua *em você*.

A mãe que nutre.

Você se nutre.

Tudo é símbolo, compreende?

Você precisa se lembrar da imensidão que é, mas com os pés na terra. Em uma união do céu e da terra.

Olhe para o céu, meu bem, e traga ele para cá. Dessa forma, essa experiência será desfrutada em plenitude.

Sejamos Luz.

Aqui na Terra.

~

É preciso ter coragem para seguir o caminho do coração e, assim, colaborar com a sua Luz genuína para o coletivo. É preciso conversar consigo mesmo para saber para onde seguir, ou então viramos papagaios. O efeito manada grita, mas o seu caminho e a sua evolução, como e o que fazer, só você vai saber. E para ouvir é preciso abrir espaço.

Liberdade com responsabilidade, ou vira rebeldia.

Autorresponsabilidade, que fique claro.

Porque julgar só nos faz colocar correntes nos pés.

Siga se ocupando de si mesmo.

Saiba brilhar com força genuína e verdadeira para ocupar a estrela que é e fortalecer a constelação.

É importante ser feliz.

~

Você não precisa acreditar no que eu digo. Mas dá para sentir quando o coração vibra. É possível separar o joio do trigo. O que causa confiança do que traz desconforto.

    Doe o seu tempo para o que alimenta a sua Luz, para o que te alavanca e te empurra para a frente. Não perca tempo com quem não te prestigia.

    Deixe o que puxa para trás, sem conflito. Apenas solte.
    Não é preciso muito esforço para o que é nosso, de fato.
    Ser água.
    Perceber para onde o vento sopra.
    No compasso da música que toca suave no profundo, mas pulsa.
    Intenso.
    Mais um segundo.
    Seja Inteiro para atuar.
    Prefiro isso a lutar.
    Para Ser.
    Já está.
    Imenso.

~

*"Se quiseres acordar toda a humanidade, então acorda-te a ti mesmo, se quiseres eliminar o sofrimento no mundo, então elimina a escuridão e o negativismo em ti próprio. Na verdade, a maior dádiva que podes dar ao mundo é aquela da tua própria autotransformação."*

~ Lao Tzu

Impressão e Acabamento:
BARTIRA GRÁFICA